Muslim-Christian Encounter

예영커뮤니케이션

Muslim—Christian Encounter Vol.8, No.1

엮은이: 한국이슬람연구소
펴낸이: 원성삼
펴낸곳: 예영커뮤니케이션

초판 1쇄 발행: 2015년 7월 31일

출판신고 1992년 3월 1일 제2-1349호
136-825 서울시 성북구 성북로6가길 31
Tel (02)766-8931 Fax (02)766-8934

ISBN 978-89-8350-923-9(94230)
     978-89-8350-894-2(세트)

정가 9,000원

www.jeyoung.com

이 도서의 국립중앙도서관 출판예정도서목록(CIP)은 서지정보유통지원시스템 홈페이지
(http://seoji.nl.go.kr)와 국가자료공동목록시스템(http://www.nl.go.kr/kolisnet)에서 이용하실
수 있습니다. (CIP제어번호 : CIP2015021059)

Muslim-Christian Encounter

Editorial Board : Ah Young Kim, Caleb C. Kim, Matthew Jung,

J. Dudley Woodberry, Hyung Jin Park, Steve Yim,

Shin Suk Kim, Tim Hyunmo Lee

Researcher : Abraham Cho, Jung Nyun Kim, Jee Yun Kwon,

Kyung Hee Lee, Hyun Kyung Lee, Sun Kyung Park,

Paul Kim, Priscilla Taesoon Choi

E-mail : ttcis@ttgu.ac.kr

Homepage : http://ttcis.ttgst.ac.kr

Tel. : 02) 570-7563

contents

Torch Trinity Center for Islamic Studies Journal

Volume 8, Number 1, July 2015.

권두언

수년 전 선교지에 함께 나갔던 저희 딸들이 현지의 학교에서 친구들과 즐겨 하던 놀이 중에 Chinese Whispers라는 것이 있었습니다. 여러 명의 아이들이 교실이나 학교 운동장에 둘러 앉아 제시된 문장을 바로 옆 사람의 귀에 대고 말하여 전달한 뒤 가장 마지막 아이가 전달받은 문장을 말하고 그것이 처음 문장과 얼마나 정확하게 맞는가 그렇치 않는가에 따라 팀별 점수를 매기는 그런 놀이였습니다. 놀이의 명칭만 다르지 특별히 가지고 놀 것이 없었던 저도 어렸을 때 친구들과 그 비슷한 놀이를 했던 기억이 있습니다.

만다린과 바사 말레이 그리고 힌두어가 모국어인 아이들 틈에 끼여 모국어의 액센트를 가지고 영어로 하는 이 놀이에서 아이들은 대개 원래의 명제와는 다른 명제를 전달하기가 일쑤였고 그래서 마지막 친구의 전혀 생뚱맞은 명제를 듣고는 함께 재미있어 했던 그런 놀이였습니다.

왜 그 놀이의 명칭이 하필 Chinese Whispers였을까 하는 궁금증에 유래를 찾아보았습니다. 짐작대로 17세기 이후 빈번해진 유럽과 중국간의 왕래 속에서 유럽인들이 문화적이고 언어적 차이로 인해 중국인들의 말을 잘 알아듣지 못하여 오해가 빈번히 발생하였던 상황에서 그 이름의 유래를 찾을 수 있었습니다.

근래 들어 IS에 의해 자행되는 거침없는 폭력에 직면하여 한국의 일부 기독교인들 사이에서 이루어지고 있는 이슬람에 대한 논의들과 근거 없는 이야기들의 전파를 지켜보며 아이들이 즐겨하던 그 놀이가 생각났습니다. 다른 점이 있다면 놀이에 참여했던 아이들은 특별한 의도 없이 자기가 듣고 이해한 것에 충실하여 본의 아니게 다른 명제를 전달한 것에 비해, 현재 이루어지고 있는 이슬람에 대한 근거 없는 담론들은 다분히 의도적이라는 데서 그 차이를 찾을 수가 있을 것입니다.

이십 년도 더 전에 그리스도인들도 이슬람에 대해 제대로 알고 이해해야 한다는 소박한 목표에서 한국이슬람연구소가 출범하였을 당시만 해도 한국 교계에는 이슬람을 제대로 연구하는 기관이나 전공자가 거의 전무하다시피 했고, 이슬람권을 향한 선교적 열의에 비해 이슬람에 대해 이해하고 알고자 하는 시도들을 찾아보기가 쉽지 않았습니다.

9·11테러를 지켜보고, 한국 그리스도인들의 피랍을 겪으며 이슬람에 대한 관심이 높아지기는 하였으나 현실은 여전히 20여 년 전의 수준을 크게 벗어나지 못하고 있는 듯합니다.

이슬람에 대한 지속적이고 성실한 연구에 기반한 사실보다는 SNS와 미디어를 통해 시각적으로 전달되는 이미지와 근거 없는 이야기들을 확대 재생산하는 광범위한 Chinese Whispers게임에 몰두하고 있는 형국입니다. 이러한 태도들은 이슬람에 대한 객관적인 이해를 방해하고, 기독교-이슬람 관계에 악영향을 미치는 것을 넘어서 무슬림들을 향한 선교적 노력을 위축시키는 결과를 초래하고 있다는 것이 무슬림 사역에 종사하고 있는 선교사들의 분명한 인식인 것입니다.

2014년 6월 29일, 이슬람의 사도 무함마드의 계승자로 그의 사후 이슬람 제국을 통치했던 칼리프 制의 부활을 선언하며 세계인들의 이목을 집중시켰던 아부 바크르 알 바그다디(Abu Bakr al-Baghdadi) 지휘하의 소위 IS는 시라아와 이라크에서의 정복전쟁 그리고 이슬람 세계 밖에서의 잠재적 테러리즘의 가능성을 확대시키며 그 잔혹성과 무자비함으로 전 세계인들을 경악시키고 있습니다. IS에 의해 무참히 살해된 이라크의 민간인 수가 벌써 15,000명을 넘어섰다는 보도는 그 상황이 얼마나 심각한지를 단적으로 보여 주는 수치입니다.

사실 IS가 미국을 중심으로 하는 비무슬림 서구 동맹의 와해를 목적으로 서구인들을 공개 처형하고 점령 지역에서 어린아이들과 노약자들을 가릴 것 없이 비무슬림들, 특별히 그리스도인들을 처형한다고 알려져 있어 외면 당하고 있는 중요한 사실 하나는 그보다 더 많은 수의 무슬림들, 특별히 그들과 신앙의 노선이 같은 수니파 무슬림들도 자신들의 일에 협력하지 않는다는 이유로 살해해 왔다는 사실입니다. 그들의 무자비함의 대상과 정도에는 제한이 없는 것입니다.

25년전쯤 정치학자 사무엘 헌팅턴이 한 강연회에서 '문명의 충돌'이라는 단어를 사용하고 동명의 책이 출판된 이후로 이미 폐기된 것과 같은 헌팅턴의 이론이 최근 다시 조명을 받으며 활발하게 논의되고 있어 종교간의 관계를 염려하는 사람들의 우려를 낳고 있기도 합니다.

중동과 아프리카, 중앙아시아 그리고 영국과 미국을 중심으로 한 서구에서 이슬람과 관련된 빈번한 테러리즘의 발생과 이에 저항감과 공포감을 갖는 비무슬림들과 무슬림들간의 정치적이고 감정적인 대립은 헌팅턴의 저주가 이론만이 아니라 실제로 가능할 수 있음을 조심스럽게 예견케하는 것입니다. 이제 무슬림들에게는 그들의 종교적 이상과 현실에 대한 비판적 재고가 불가피한 시기가 되었고, 그리스도인들은 그리스도의 십자가와 부활의 정신이 종교적 폭력과 전쟁에 대해 갖는 신학적 의미를 깊이 묵상하고 그것을 삶속에서, 선교 현장에서 구체적으로 실천하는 방법에 대한 진지한 고민을 요청받고 있는 것입니다.

이와 같은 상황 속에서 발간되는 Muslim-Christian Encounter Vol.8 No.1에서는 종교의 이름으로 행해지는 폭력에 대한 주제로 네 분의 국내외 학자들의 다양한 견해가 담긴 논문을 수록하고 있습니다. 하우어워스(Hauerwas)의 지적대로 "(역사상) 제대로 실행된 적이 없었던" 정당전쟁론으로 대표되는 기독교와 갈퉁(Galtung)의 정의대로 "인간이 일으킨 전쟁을 신의 이름으로 정당화하는" 성전, 즉 지하드로 대표되는 이슬람, 두 종교와 관련된 폭력의 문제에 대한 심도있는 논의들을 통하여 반목과 폭력의 시대에 그리스도인들이 이슬람을 포함한 다른 종교에 대해 가져야 할 기독교 신학적인, 특별히 선교 신학적인 통찰을 얻게 되리라 기대합니다.

특별히 이번 호에 게재된 이슬라마바드의 국제 이슬람대학(International Islamic University Islamabad, IIUI)의 부총장(Vice President) Dr. Muhammad Tahir Mansoori의 논문을 통하여 이슬람과 타종교의 관계에 대한 전통적인 해석에서 벗어난 개혁적 이슬람 학자들의 이론을 접할 수 있음을 기쁘게 생각합니다.

　바쁘신 가운데서도 귀한 글들을 보내 주신 저자들과 이맘 만수리의 글이 게재될 수 있도록 역할을 해 주신 합동신학대학원 대학교의 정마태 교수께 감사의 말씀을 드립니다.

　또한 다양한 관점과 언어, 자유로운 형식(?)들로 작성된 글들을 교정하느라 무더위에 땀을 흘려주신 이현경 연구원의 오랜 시간에도 변치 않는 동역에 감사를 드립니다.

2015년 여름
한국이슬람연구소 소장 김아영

폭력의 악순환에 갇힌 현대의 종교: 기독교 윤리학적 성찰

문시영*

* 남서울대 교수(기독교윤리학), 교목실장.

● **ABSTRACT**

Moon, SiYoung

The foci of this paper can be summarized as three questions. (1) Which is the most critical factor of making religion violent? Is fundamentalism or violence worship? The tendency to regard fundamentalism as the only factor of violence could not fully explain the issue. Moreover, as Slavoj Žižek says, violence worship is a pseudo-fundamentalism. This paper regards violence worship than fundamentalism as the essential factor.

(2) Is the "violence against violence" the only way? Most Christians and Muslims think that the violent revenge to violence could be justified theologically. Just war theory and Christian realism of Reinhold Niebuhr would accept the way of 'violence against violence'. But it must be resulted to vicious circle of violence. Unfortunately, the modern religions are captured by vicious circle of violence.

(3) Is peacemaking unrealistic? Stanley Hauerwas raises serious doubt about Niebuhrian Realism and suggests Christian pacifism. He emphasizes that pacifism is not refusing violence but absolute concentrating on the cross of Christ. According to Hauerwas, Peacemaking is not the problem of realism but the mission of Christianity. In this meaning, Christians have to establish the vision of 'Peaceable Kingdom' beyond Islam phobia.

● **Key words**

Fundamentalism, Violence Worship, Christian Realism, Peacemaker, Peaceable Kingdom, Islam Phobia, Reinhold Niebuhr, Stanley Hauerwas.

Ⅰ. 들어가는 말

'하나님, 우리들의 발밑에 여러 민족의 시체가 있습니다. 이라크인, 쿠웨이트인, 쿠르드인, 크로아티아인, 슬라브인, 살바도르인, 미국인, 팔레스타인인, 이스라엘인, 어린이, 그리스도인, 모두가 죽임을 당했습니다. 전쟁으로 죽은 모두에게 자비를 베푸시며 우리 저희에게도 자비를 허락하소서. 우리가 실패함으로써 주님의 평화가 임하고 전쟁이 종식되게 하소서. 전쟁 이외에 다른 길이 없다는 헛된 생각으로부터 저희를 구해 주소서. 우리 스스로는 평화의 길을 갈 수 없음을 알고 있습니다. 결국 평화를 명분으로 전쟁을 하고 말 것입니다. 주께서 우리를 이끄시어 우리가 주님의 평화가 되게 하시고, 이 죽음의 세상에 생명을 가져오게 하소서.'[1]

하우어워스(Stanley Hauerwas)의 기도문은 이 글의 기조를 잘 보여 준다.[2] 그러나 이 글에서 하우어워스를 빈번하게 인용한다고 해서, '종교 평화'의 책임에 관하여 혹은 '폭력 vs. 평화' 내지는 '폭력 vs. 비폭력'의 이항 대립을 다루려는 것은 아니다. 이 부분은 인류와 폭력이 공존해 왔다는 측면에서 선행 연구들을 통해 상당 부분 규명되었으리라 생각된다.

이 글에서는 크게 세 가지 물음을 다루고자 한다. (1) 근본주의인가? 폭력 숭배인가? (2) 폭력에 폭력으로 대응하는 것이 유일한 길인가? 그리고, (3) 평화의 길은 비현실적인가? 이러한 질문들을 통해 '폭력의 악순환에 갇힌' 종교의 민낯을 폭로하고, 궁극적으로 '이슬람 포비아'를 넘어 그들을 평화를 공동모색하는 파트너 삼으면서, 그들에게도 예수 그리스도의 복음이 필요함

---

1 '하우어워스의 전쟁의 희생자들을 위한 기도문'으로 소개된 인용문은 출처가 정확해 보이지 않으나, 김영봉, 『사귐을 위한 기도문 선집』(서울: IVP, 2005), 315에서 재인용하였으며, 필자가 일부 표현을 수정했음을 밝혀 둔다.

2 하우어워스에게 *TIME*이 'America's Best Theologian'이라는 호칭을 붙여 준 부분(2001)과 (하우어워스 자신은 'Best'라는 단어가 신학적으로 적합한 말은 아니라고 겸손하게 말했다.) 영국 *Gifford Lectures*의 연사로 초청된 것(2000-2001) 등이 그를 매우 유명하게 만든 것도 있지만, 하우어워스가 예수 내러티브에 충실한 교회됨과 평화를 강조했다는 점에 특히 유의할 필요가 있다.

을 인식시키는 단초가 되기를 기대해 본다.

II. 폭력의 악순환에 갇힌 현대의 종교

1) 근본주의인가? 폭력 숭배인가?

안타깝게도, 종교의 이름으로 자행되는 테러와 폭력의 문제는 어제 오늘의 일이 아니다. 이번에는 'IS'(Islamic State)가 문제다. 그들의 잔혹상과 폭력성에 대한 국제적 우려가 더욱 커가는 시점에서, 그들의 폭력성에 대한 규탄은 지극히 마땅한 일이다. 굳이 세세하게 말하지 않더라도, 현재진행형으로 광기를 더해가는 그들의 모습은 공포의 대상이라기보다는 전 세계적인 우려와 근심거리이자 평화의 위기를 상징한다. 잔인함의 경쟁으로 치닫는 그들의 행태를 두고 볼 때, 그들에게 종교라는 이름을 붙여서는 안 된다는 확신이 들 정도이다.

여기에서, 질문하지 않을 수 없다. 극렬한 잔혹성을 경쟁적으로 드러내어 전 세계를 공포로 몰아가고 있는 'IS'를 문제를 삼는 것은 지극히 마땅하지만, 대부분의 경우는 그들을 극단적 '근본주의자들'로 규정하고 근본주의가 문제라는 식으로 간주하는 경향을 보인다. 이슬람 내부의 수니파와 시아파의 차이와 갈등을 고려한다고 하더라도, 'IS'가 근본주의 혹은 무장 극단주의자들인 것이 분명하다는 이유만으로 근본주의에 대한 문제 제기로만 모든 논의를 끝내려 하는 것이 옳은 것일까?

공교롭게도, 'IS'가 문제시되기 이전부터 종교와 폭력의 문제에 등장해 왔던 '탈레반', '알카에다' 등이 관련된 9·11테러와 아프가니스탄 및 이라크 전쟁에 대한 대부분의 연구들은 '근본주의' 문제를 다루고 있다. 이슬람 근본주의와 기독교 근본주의 사이의 갈등이 초래한 사태들이라는 인식을 가지고 있는 듯하다. 일반적으로 동의할 수 있는 중요한 통찰들임에는 틀림없지만, 놓치지 말아야 할 것이 있다. 형성 배경 및 민족 갈등과 국제 정세의 문제 등

거대담론의 차원에서 반론의 여지가 있음에도, 종교적 극단주의 혹은 근본주의자들을 문제시하는 것은 지극히 당연한 일이지만, 'IS'가 근본주의자들이기 때문에 폭력을 사용하게 마련이라고 당연시하고 있는 것은 아닐까? 근본주의 문제 이전에, 폭력 그 자체에 대한 숭배를 문제시해야 하는 것은 아닐까?

근본주의(fundamentalism)는 보수적인 정치적 힘과 동맹하여 국가, 가족, 교회에 대한 자유주의적 물결을 추구하는 공격적이고 신념에 가득 찬 종교운동을 말한다.[3] 이 개념은 기독교에서 태동된 것으로서, 그 기원은 근대 이후 세속화를 유포하는 유럽의 자유주의(liberalism) 신학 사조에 반발하여 20세기 초에 일어난 미국 기독교의 신학 사조 및 신앙 운동에서 찾을 수 있다.

물론 특정한 시기에 갑자기 등장한 것이라고 말하기는 어렵지만, 기독교 근본주의의 출현은 대략 1910년대로 거슬러 올라간다. 영국과 미국 보수 개신교인들이 출간한 「근본적인 것들」(*The Fundamentals*, 1910~1915)의 간행은 그 태동을 알리는 신호탄이었다. 이후 1920년대 보수적 복음주의자들은 '근본 교리를 위해 세상과 싸울 준비가 되어 있는 자'라는 뜻으로 스스로를 근본주의자라고 부르게 된다.[4]

기독교 근본주의는 근대화에 따른 합리주의 및 자유주의로 인해 그리스도교 신앙의 근본 요소가 위태롭게 된다는 위기의식에서 출발했다. 근본주의가 이완된 신앙이나 세속화된 생활에 대한 반성을 촉진하고, 순결한 경건을 보존하고자 한 점은 높이 평가된다. 그러나 근본주의는 과학적 이론들을 전격적으로 부정하고 유럽식 자유주의 신학의 산물인 성서비평학의 성과를 적대시하고, 여성해방운동 역시 전통적 질서와 문화에 대한 도전으로 치부하는 우를 범하였다.

기독교에만 근본주의가 있는 것은 아니다. 근본주의라는 용어가 기독교

---

3 이것은 Lionel Caplan의 표현으로서, 이원규, "종교사회학적 관점에서 본 한국 교회와 근본주의", 『종교 연구』, 제28집(2002 가을): 26에서 재인용하였다.
4 김윤성, "미국 사회와 개신교 근본주의: 사면초가 속의 저력", 『역사비평』, 제64호(2003. 8), 63.

에 처음 적용된 것일 뿐이다. 뉘앙스의 차이가 있기는 하지만, 근본주의는 모든 종교에서 나타난다. 기독교 근본주의 외에 유대교 근본주의, 가톨릭 근본주의, 이슬람 근본주의, 불교 근본주의, 힌두교 근본주의, 유교 근본주의 등 다양하다. 더 나아가, 근본주의라는 용어는 정치적 근본주의, 도덕적 근본주의, 시장 근본주의, 생태 근본주의 혹은 근본 생태주의 등으로 그 외연이 확장되고 있다.[5]

근본주의와 관련하여 심각하게 문제 삼아야 하는 것은 자신들과 다른 길에 있는 자들이나 자신들의 신앙을 거부하는 자들에 대한 배타적 태도이다. 근본주의자들이 스스로를 절대적 진리·정의·선으로 간주하고, 적대적 타자를 절대적 거짓·불의·악으로 정죄하는 흑백논리로 무장하여, 투쟁과 전쟁을 통한 제압과 소거만을 목표로 삼고 있다는 점은 충분히 비판받아야 마땅하다.[6]

비극적이지만, 근본주의와 근본주의는 서로 갈등하며 대적하고 있다. 가장 비극적인 갈등은 기독교 근본주의와 이슬람 근본주의 사이의 적대 관계에서 볼 수 있다. 이슬람 근본주의는 해석하기에 따라 정통주의, 복고주의 혹은 원리주의라고 부르기도 한다. 19세기 이후의 철저한 반제, 반외세를 근간으로 자주적인 아랍의 각성을 추구해 왔으며, 절대다수 아랍인의 의식 속에 잠재해 있는 강인한 사상적 흐름이다. 또한 이슬람의 강력한 종교적 호소력을 가지고 과거의 영광을 재현하려는 역사적 당위성도 함께 표방하고 있다.[7]

아랍사회가 1970년대 이래 강조한 '재이슬람화(re-islamization)'는 다양한 형태로 나타났다. 메카 순례자의 급증, 계율의 준수, 차도르 착용의 의무화, 이슬람 법정의 부활, 성직의 공직화 등을 통한 국가의 종교 개입 강화, '이슬람 금융(Islamic Finance)', '이슬람 기초 공동체(Islamic Base Communities)'의 발

5　강학순, "'근본주의'의 극복에 관한 철학적 고찰", 『존재론 연구』, 제27집(2011. 12): 73.
6　Ibid., 72.
7　권형기, "이슬람교 근본주의의 기원과 본질", 『기독교 사상』, 제388호(1991.4), 29.

전 등 여러 현상으로 나타났다.

이러한 이슬람 근본주의에 대해서는 여러 해석이 가능하다. 예를 들어, 왜곡된 근대화의 산물로 해석되기도 한다. 1970년대 석유를 매개로 아랍권의 세계 경제 편입이 가져온 근대화의 왜곡에 뿌리를 두고 있는 돌출 현상으로서, 아랍 민족주의의 쇠퇴와 정치적 이데올로기의 공백 상태에서 비롯된 것이라는 해석이다.[8] 좀 더 설득력이 있어 보이는 해석은 이슬람 근본주의를 미국 패권주의에 대한 도전으로 보는 경우이다. 특히, 미국의 친이스라엘 정책과 이슬람 근본주의 간의 충돌로 보아야 한다는 주장이다.[9] 부시정권에서 나타난 네오콘(Neocon)의 근본주의(fundamentalism)와 9·11테러는 이러한 관점을 설득적으로 뒷받침해 준다.

근본주의의 개념과 역사 그리고 문제점을 새삼스럽게 재론하려는 것이 아니다. 근본주의의 문제점을 비판하는 것도 의미가 크지만, IS의 경악스러움이 '근본주의자들이기 때문에 폭력을 사용하는 것'이라고 단순화시키는 경향을 넘어서야 한다는 것이다. 나아가, 그들은 사이비 근본주의일 가능성이 있으며, 그들의 행동은 본질적으로 폭력 숭배와 다르지 않다는 점을 놓쳐서는 안 된다. 폭력과 잔혹성을 앞세운 그들을 과연 진정한 의미의 근본주의자라고 부를 수 있을까?

지젝(Slavoj Žižek)은 이렇게 질문한다. '테러를 자행하며 스스로를 근본주의자라고 하는 그들은, 기독교가 되었든 이슬람교가 되었든, 정말 진정한 의미의 근본주의자들일까? 그들에게 정말 신념이라는 것이 있기는 할까?' 지젝의 관점은 진정한 근본주의자들은 원한도 시기심도 없는 경지에 이르며 믿지 않는 자들의 생활 방식에 완전히 무관심해야 하지만, 테러를 저지르는 근본주의자들에게는 이러한 특성이 없다.

---

8 엄한진, "왜곡된 근대화의 산물로서의 이슬람 근본주의", 『종교 연구』, 제29집(2002 겨울): 166.
9 홍석준, "미국 패권주의에 대한 도전으로서의 이슬람 근본주의: '9·11테러'와 '10·7 미국-아프가니스탄 전쟁'을 바라보는 이슬람적 시각", 『진보평론』, 제10호 (2001 겨울), 229.

한마디로 진리의 길에 이르지 못한 것이다. 그들은 사이비 근본주의
자들일 뿐이며, 진정한 근본주의에 먹칠을 하고 있다. 더구나 테러를 자
행하는 자들의 마음에 진정한 확신이 없다. 폭력적인 분출이 그 증거이
다.···이슬람 근본주의자들이 테러를 자행하는 것은 자신들이 우월하다
는 신념에서 비롯된 것이 아니며, 그들은 자신도 모르는 사이에 스스로를
열등하다고 생각하고 있다.[10]

물론 일부의 폭력집단 혹은 근본주의를 빌미로 같은 이름을 사용하는 종
교 전체를 폭력집단으로 몰아세우거나 그 종교의 모든 면을 폭력의 관점에
서 바라보는 것은 옳지 않다. 또한 종교 그 자체에 대한 혐오로 이어지는 것
도 옳지 않다. 종교인들이 신앙생활을 통해 비종교인들에 비해 훨씬 더 헌신
적이고 봉사적인 특성을 보여 주는 것은 분명한 사실이다.[11] 그럼에도 역사
상 종교를 앞세운 전쟁과 테러는 수없이 많았다. 종교의 이름으로 자행되는
테러와 폭력은 과거형이 아닌 현재진행형이다. 더구나 현대의 종교는 폭력
의 현대적 수단, 즉 현대 과학 기술이 제공하는 여러 무기들과 미디어를 악
용할 뿐 아니라 종교적 공포심까지 동원하면서 폭력을 극대화시키고 있다.
　현대사회에서, 종교의 폭력성 문제는 더욱 심각하다. 테크놀로지의 시대
라는 면에서, 다음 세대의 생존을 기약하지 못할 정도의 가공할 만한 무기
체계까지 참고한다면, 현대의 종교에서 폭력성은 경계와 한계 자체가 없는
듯이 보인다. 이질적인 종교들 사이의 대립에서, 심지어 동질적인 종교 안
에서 조차도 폭력은 승리를 위한 결정적 수단인 듯 간주되곤 한다. 어느덧
폭력이 가장 손쉬운 갈등 해결의 방법인 것처럼 여겨지고 있는 현실을 부정
할 수 없다.
　사실, 'IS'가 처음은 아니다. 역사적으로 경험했던 수많은 테러들이 종교

10　슬라보예 지젝, 『폭력이란 무엇인가』, 이현우 외 역(서울: 난장이, 2014), 129~130.
11　이에 관해서는 기독교를 중심으로 통계조사를 시행하여 종교인들이 사회봉사와 사회 참여에서
　　유의미한 적극성을 지니고 있음을 주장한 다음 책을 추천하고 싶다. Robin Gill, *Churchgoing and
　　Christian Ethics* (Cambridge: Cambridge University Press, 1999).

를 배경으로 하고 있다는 점에서 종교와 폭력의 결탁은 심각한 문제이다. 폭력에 대한 정당화가 옳지 않기 때문에, '종교의 옷을 입은 폭력' 내지 '신의 이름으로 정당화된 폭력'은 종교의 형식을 띄고 있을 뿐, 진정한 종교라 할 수 없다. 폭력에 호소하거나 폭력의 사용을 정당화하는 집단에 군이 종교의 이름을 붙여야 한다면, '폭력교'(暴力敎, religion of violence) 이외에는 없다. 절대자에 대한 숭배가 폭력에 대한 숭배로 대체된 종교인 셈이다. 누군가 말했듯, 폭력은 종교의 옷을 입고 활보한다.[12] '성의(聖衣) 안에 폭력의 발톱을 숨기고 있다가 잔혹하게 할퀴는 모습'은 신에 대한 숭배라기보다 폭력 그 자체에 대한 숭배임을 적나라하게 보여 준다. 실제로, 종교의 폭력성에 대한 성찰들에는 특정 종교를 한정지어 말하지 않는 공통점이 나타난다. 그 예들은 너무도 쉽게 찾아볼 수 있다. 정복자의 종교가 칼이 되고, 피정복자의 종교는 방패가 되는 경우, 종교는 폭력의 다른 표현일 뿐이다.[13] 이러한 뜻에서 특정 종교가 항상 승리자가 되는 것도 아니고 피해자가 되는 것도 아니다. 팔레스타인이 일방적인 피해자도, 이스라엘이 일방적인 폭력의 가해자도 아니고, 유대교, 기독교, 이슬람교 세 종교 모두 폭력의 가해자라는 주장도 있다.[14]

분명히 IS의 잔혹성은 비난 받아야 마땅하다. 그리고 당장 멈춰야 한다. 공포의 극대화를 위해 서슴없이 자행하는 '참수'라는 전근대적이고 극단적인 잔인함은 그들이 의도하는 공포보다는 종교에 대한 혐오를 낳고 있다. 게다가 이러한 잔혹성을 미디어 심리전에 사용하는 행태는 그들의 저의가 무엇인지를 의심하게 한다. 그것은 '종교'이기를 포기한 것과 다름없다. 종교라기보다 민족정서를 등에 업은 정치집단의 '광기'(狂氣)에 가깝다.

요점은 이것이다. IS의 잔혹성을 극단적 근본주의자들에게 수반되는 불가피한 현상이라고 말하는 것은 무책임하다. 근본주의자들이기 때문에 어

---

12 고세훈, "종교의 폭력성, 폭력의 종교성: 이 책을 말한다.『거룩한 테러』", 『기독교 사상』, 제563호 (2005. 11), 82.

13 "종교는 왜 폭력적인가?"(한국경제신문 2015.3.9)

14 "예루살렘, 폭력과 광기가 빚어낸 전장"(연합뉴스 2014.8.7.).

쩔 수 없다고 말해서는 안 된다. 근본주의자가 아니라 하더라도, 폭력을 가장 분명한 수단 혹은 최후의 수단이라고 간주하는 것은 모든 종교에서 매우 위험한 것이다. 갈퉁(Johan Galtung)이 말한 것처럼, 성전(聖戰)이란 인간이 일으킨 전쟁을 신의 이름으로 정당화한 것일 뿐이다.[15] 폭력이 숭배되는 현상, 즉 폭력에 대한 신앙으로 치닫고 있는 상황이 현대의 종교와 평화가 처한 문제 상황이라 하겠다.

2) 폭력에 대한 폭력의 대항, 유일한 길인가?

더 큰 문제는 폭력의 악순환이다. 폭력에 대한 폭력의 대항은 종교를 떠나서 '세상' 혹은 '세속'이라고 불리는 영역에서조차 심각한 문제임에 틀림없다. 더구나 이러한 폭력의 악순환이 가져올 결과를 인식하면서도 종교의 이름까지 빌어 정당화하는 것은 매우 심각한 일이다. 종교의 이름으로 자행되는 테러에 대한 도덕적 비난에 항상 폭력의 악순환에 대한 도덕적 성찰이 수반되어야 하는 이유가 이것이다.

예를 들어, 9·11테러를 두고 각각 발표된 부시의 연설과 빈 라덴의 알-카에다 지령서는 폭력을 위해 종교가 동원되고 있다는 점에서 논리적으로 다르지 않다.[16] 9·11테러를 자행한 알-카에다와 탈레반은 자신들의 폭력을 '신의 이름으로' 정당화했다. 그리고 조지 W. 부시 전 미국 대통령은 9·11테러 공격을 받은 직후 '십자군 전쟁'(crusade)을 선언하고, 테러의 배후로 지목된 오사마 빈 라덴을 숨겨준 아프가니스탄을 보복 공격한 후 이라크를 침공하여 사담 후세인 정권을 무너뜨렸다.

그것이 끝이 아니었다. 보복으로 응수하는 종교 간 폭력의 문제는 잔혹성의 극단을 향하여 맹목적으로 치닫고 있는 IS의 무차별적 폭력사태로 이어지고 있으며, 폭력의 악순환은 여전히 진행형이다. 미국은 IS의 잔혹한 참수

---

15 김명희, "종교, 폭력, 평화: 요한 갈퉁의 평화이론을 중심으로", 『종교 연구』, 제56집(2009. 9): 134.

16 고세훈, "종교의 폭력성, 폭력의 종교성: 이 책을 말한다.『거룩한 테러』," 86.

동영상에 등장하는 '지하디 존'(Jihadi John)을 미국의 표적으로 삼았음을 공공연히 말하고 있다.[17] 한편에서는 이러한 대응이 '더 강하고 잔혹한 IS의 탄생'을 초래할 것이라고 지적하지만,[18] 폭력에 의한 보복을 당연시 하는 관점이 주류를 이루고 있다.

앞서 말했던 것처럼, 종교와 폭력이 결탁하여 극단화되면 더욱 심각해진다. 죽을 때까지 타협하거나 포기하지 않을 것이라고 말하는 순교적 각오로 나타나기 때문이다. 예를 들어, IS는 기독교를 말살시키겠다고 으름장을 놓고 있다. 개종 강요는 물론이고 기독교인들을 참수하는 등 무차별적으로 살해하며, 여성들에 대한 성폭행 및 교회건물 폭파 등 기독교인과 소수종교인을 대상으로 하는 인종 청소를 조직적으로 자행하고 있다.[19] 이들은 IS로부터 인간으로서의 존재 자체가 위협을 받는 지경에 내몰리고 있다.[20]

미국의 보수주의 기독교인들과 언론들은 어떤 식으로든 IS에 대한 무력 제압이 필요하다고 말하면서 명분을 쌓고 있다. 문제는, 폭력에 대한 폭력의 대항이 '기독교의 이름으로' 선포되고 있다는 점이다. '그들의 폭력'에 대한 폭력의 대항은 현실주의적 대안이라고 말하겠지만, 폭력의 악순환으로 이어질 것은 불을 보듯 뻔하다.

여기에서, 종교의 폭력성이나 종교와 폭력의 결탁이 도덕성의 상실이라는 것을 말할 필요가 있다. 종교가 폭력을 사용하고 심지어 숭배하는 것은 매우 심각한 문제일 뿐아니라, 그것이 폭력의 악순환을 낳는다는 점에서, 종교와 폭력의 결탁은 도덕성의 상실을 초래하고 결국은 종교성 자체를 상실하는 결과로 이어질 것이다.

현대의 종교가 폭력에 대해 주장하는 논리에는 허구가 들어있다. 폭력의 형이상학적 근거 혹은 신학적 근거를 찾는 것 자체가 문제일 수 있다. 이를

17 "IS 참수 영상의 지하디 존, 미국의 특별 표적 됐다"(조선일보 2015.3.2).
18 "더 강하고 잔혹한, IS의 탄생"(한겨레21, 2014.9.26).
19 "IS, 기독교 말살 야욕 드러내"(국민일보 2014.9.29).
20 "이라크 내 기독교인 고통 받아"(OBS뉴스, 2015.3.20.) http://www.obsnews.co.kr/news.

테면, 신의 대리행위라고 하거나 신의 뜻을 구현하기 위한 불가피한 선택이라고 말하는 것 등이 그렇다. 하나님께는 그 어떤 폭력도 존재하지 않으며,[21] 모든 종류의 폭력은 부정되고 제거되어야 마땅하다.

폭력은 비합리적이고 정당화될 수 없는 힘의 사용이다. 그 어떠한 폭력도 미화될 수 없다.[22] 문제는 현대의 종교가 폭력을 정당화하는 단계를 넘어, 폭력 그 자체를 숭배하고, 보복과 원한을 불러일으키는 폭력의 악순환에 갇혀버렸다는 사실이다. 이 문제의 해법을 찾기 위해서는 폭력현상에 대한 분석만으로는 부족하다. 좀 더 근본적인 이해가 필요하다.

폭력의 가장 극단적이고 가시적인 행태인 전쟁과 테러에 대한 분석은 다양하게 전개되어 왔으나, 군사학자 클라우제비츠(Carl von Clausewitz)의 규정이 가장 고전적이고 근간이 되는 것으로 여겨진다. 그는 전쟁이 '힘의 과시'라고 말한다.[23] 클라우제비츠에 주목하는 것은 전쟁의 핵심에 정치가 있다는 점을 간파했기 때문이다. 여기서 우리는 종교가 테러를 정당화하는 것은 단지 종교와 폭력의 결탁을 넘어 본질적으로는 종교와 정치의 결탁이라는 점을 깨달을 수 있다. 다시 말해, 종교와 폭력의 결탁은 폭력 그 자체도 문제지만, 종교의 정치화 즉 종교의 변질을 뜻하는 것이다.

테러와 전쟁의 문제가 종교 문제로만 다루어지지 않고, 정치적 현실의 문제로 다루어지는 것은 이러한 배경으로부터 이해될 수 있다. 테러의 잔혹성이 일부 종교적 근본주의자들의 일탈적 행태라기보다 정치적 동기로 분석되어야 한다는 뜻이다. 정당전쟁론(혹은 의로운 전쟁론, Just war theory)과 기독교 현실주의(Christian realism)를 가장 대표적인 경우로 볼 수 있다.

전쟁의 정당성(jus ad bellum)과 전쟁행위의 정당성(jus in bello)을 핵심으로 하는 정당전쟁론은 전쟁을 위시한 폭력의 사용을 정당화하는 근거로 사용되어 왔다. 전쟁을 '최후의 수단'(the last resort)으로 삼아야 한다는 뜻인 것 같

21 장욱, "폭력에 대한 토마스 아퀴나스의 이해", 장욱 외 편, 『폭력에 대한 철학적 성찰』(서울: 철학과 현실사, 2006), 124.
22 장욱, "폭력에 대한 토마스 아퀴나스의 이해", 138.
23 칼 폰 클라우제비츠, 『전쟁론』, 김홍철 역(서울: 삼성출판사, 1982), 80-87.

다. 현대윤리학자들은 이러한 조건들을 다시 세분화시켜 그 하나라도 결여되거나 나머지 사항들이 충족되지 않는다면 정당화될 수 없다고 주장하기도 한다. 혹은 힘 있는 자나 승자의 정의로 정당화되고 말 것이라고 자조하기도 한다.[24]

이들의 논의에는 폭력과 테러가 도덕적 권면으로는 제어될 수 없다는 생각이 전제되어 있다. 하지만, 현대 기독교 윤리학자 하우어워스는 정당전쟁론에 대해 근본적인 회의를 제기한다. 하우어워스는 정의로운 전쟁의 가장 큰 문제로 그 이론이 제대로 실행된 적이 있는지를 질문한다.[25] 전쟁과 폭력은 '정당방위'를 비롯한 그 어떤 명분으로도 정당화될 수 없으며, 평화를 위한 모색이 절실하다고 보고 있다.

어쩌면, 미국의 보수주의 신앙인들이 폭력에 대한 폭력의 대항을 말하는 바탕에는 정당전쟁론보다 라인홀드 니버(Reinhold Niebuhr)의 기독교 현실주의가 더 크게 작용하고 있을 수 있다. 니버의 배경에 2차 대전과 공산주의와의 대결 및 한국전과 월남전이 있음을 고려하면서, 그의 '차악'(次惡, lesser evil) 개념이 미국의 현실 정치에 큰 영향을 주었다는 사실을 기억할 필요가 있다.[26] 니버가 그의 동생 리차드 니버(H. Richard Niebuhr)와 만주사변이후 일본에 대한 미국의 공격을 두고 격론을 벌인 일화가 있다. 리차드 니버는 미국의 의도가 공평무사한 것이 아니라 국가 이익을 위한 행위였다고 비판했다. 죄 없는 자가 먼저 치라고 하신 예수의 말씀을 따라, 순수하지 못한 동기에서 또는 윤리적이지 못한 의도에서 인위적인 행위를 가하는 것은 아무것도 안하는 것만 못하다고 주장했다. 이에 대해 라인홀드 니버는 "그렇다면 우리는 아무것도 하지 말아야 한다는 것인가?(Must we do nothing?)"를 묻는

---

24 Richard Wasserstrom, "전쟁의 도덕성: 예비적 고찰", James Rachels, ed., 『사회윤리의 제문제』황경식 외 공역(서울: 서광사, 1983), 368.

25 김진혁, "세계 신학자와의 대화(12): 현대사회를 위한 기독교윤리, 스탠리 하우어워스", 『기독교 사상』658호 (기독교 사상사, 2013.10), 146.

26 고범서, 『라인홀드 니버의 생애와 사상』(서울: 대화문화아카데미, 2007), 836.

다.[27] 그는 순수한 의미에서의 윤리적인 사회를 만든다는 것은 하나의 환상적 희망(illusory hope)이라고 보았고, 순수한 사랑의 사회는 불가능하다는 입장을 피력한다. 인류의 진보를 위한 대가란 불가피한 것이며 삶과 역사란 그 본질상 비극(tragedy)이라는 것이다.

라인홀드 니버는 리차드 니버가 일종의 도덕적 완전주의를 표방하는 것이라고 비난하면서, 필요하다면 일본의 패망을 위해 무력을 사용하는 것도 정당화될 수 있음을 표명했다. 다만, 여기에 일종의 비극적 선택(the tragic choice) 이라는 조건을 붙였다. 이것은 기독교인이 내려야 하는 가장 어려운 사회적 결단은 모든 가능한 대안이 너무도 악하여서 인간이 행하는 모든 일이 결국은 비극적인 절충(a tragic compromise)이 되어버리고 만다는 것을 말하는 것이다.[28] 니버는 힘의 균형 없이는 어떠한 도덕적 또는 사회적 제약도 불의와 노예적 상태를 완전하게 막을 수 없다고 생각하면서, 동시에 힘의 균형으로 인한 긴장 관계가 노골적이게 되면 힘의 충돌이 나타날 수 있다는 사실을 간파하고 있었다. 이러한 문제의식에서 니버는 '힘의 균형'과 '사랑'의 상호보완적이고 변증법적 관계가 필요하다고 역설한다.

이것은 무엇을 의미하는가? 종교가 테러와 전쟁을 정당화하고 폭력의 악순환에 빠져 있다는 것은 종교가 정치현실에 함몰되어 있거나 정치적 야심을 드러낸 것과 다르지 않다는 것이다. 정당전쟁론과 기독교 현실주의가 전쟁과 테러로 대변되는 폭력의 문제를 종교적 각성의 문제로 설명하기보다 현실 정치의 문제로 설명하는 것은 문제의 본질에 한발 더 다가서게 한다는 점에서 나름대로 의의가 있어 보인다. 하지만 그것이 전부는 아니다. 정당전쟁론이나 기독교 현실주의가 종교의 폭력이나 종교가 자행하는 테러와 전쟁의 본질에 대한 중요한 설명을 제시하는 것은 사실이지만, 그들이 말하는

---

27 Reinhold Niebuhr, 'Must We Do Nothing?' in Boulton. W. G., Kennedy. T., Verhey. A., ed., *From Christ to the World*(Grand Rapids, Michigan: Wm. B. Eerdmans Publishing Co., 1994), 422-425.

28 Donald Meyer, *The Protestant Search for Political Realism* (Middletown: Wesleyan University Press, 1988), 349~403.

해법은 '전쟁의 윤리'에 귀착하고 있다. 폭력을 극복할 해법 혹은 대안을 제시하기보다 '현실'(reality)을 관리하고 현실적 대응을 말하는 데 그치고 있다. 무엇보다도, 폭력의 악순환을 끊어낼 비전을 결여하고 있다.

3) '평화의 길'은 비현실적인가?

'평화의 윤리'는 '전쟁의 윤리'에 대한 의구심에서 출발한다. 예를 들어, 하우어워스는 니버가 주도해 온 미국적 기독교현실주의에 의문을 제기한다. 하우어워스는 『기독교 제국의 상실?』에서, 아우구스티누스에 대한 바른 해석을 촉구하며 니버의 아우구스티누스 해석에 문제를 제기한다. 하우어워스에 따르면, 어떤 이들에게는 아우구스티누스가 중세에 나타난 교회의 지배를 말해 준 선구자로, 다른 이들에게는 이러한 중세적 교회에 대한 프로테스탄트적 거부의 시조로 해석되기도 한다. 하우어워스는 자신이 후자 계열에 속한다는 점을 암시하면서, 전자의 모델 중에서 누구보다도 니버의 현실주의적 해석에 대해 문제를 제기한다.

이러한 맥락에서, 하우어워스는 니버를 아우구스티누스 해석에서 중요한 것을 놓친 인물로 격하시킨다. 니버의 해석은 교회가 지닌 공동체적 정체성을 간과하고 있다는 것이 하우어워스의 주된 비판이다.[29] 하우어워스는 교회야말로 유일한 진정한 정치공동체라고 했던 아우구스티누스의 주장을 니버가 놓친 것은 큰 실수라고 말한다. 하우어워스에 따르면, 아우구스티누스는 콘스탄틴적 교회의 비전이 좌절되는 경우, 즉 교회가 이 세상에서 완전한 승리를 거둘 것이라는 생각이 좌절되는 경우, 과연 교회는 어떻게 살아남아야 하는지를 말해주었다.[30] 하우어워스가 교회가 신실한 교회이고자 한다면, 낯선 혹은 다른 (foreign or alien) 근거들 위에 존재해야 한다고 주장한 이유가

---

[29] 이 부분은 다음 글을 참고하기 바란다. 문시영, "아우구스티누스의 사회윤리: 현실주의? 공동체주의?", 『기독교사회윤리』, 제29집(2014. 8): 7~37.

[30] Stanley Hauerwas, *After Christendom?*(Nashville: Abingdon Press, 1991), 39.

바로 여기에 있다.[31]

그렇다고 해서, 하우어워스가 아우구스티누스를 일방적으로 수용하는 것은 아니다. 하우어워스가 보기에, 아우구스티누스는 비폭력 혹은 평화가 존재론적 우선성을 지닌다는 사실에 주목하지 못했다.[32] 아우구스티누스가 지상의 도성에서 잠정적인 평화의 중요성을 간과한 것은 아니지만, 평화에 좀 더 집중하지 못했다는 해석을 내린다. 비폭력 평화를 교회의 덕목으로 강조하는 하우어워스의 입장에서는 아우구스티누스에게서 못내 아쉬움이 남는 부분이었을 듯싶다.

하우어워스의 이러한 해석에는 미국 기독교에 대한 자기반성의 촉구가 담겨 있다. 니버가 말하는 사회윤리를 추종하는 것은 결국 보수주의이건 자유주의이건 간에 일종의 '콘스탄틴적 결탁'에 속한다고 보는 것이기 때문이다. 교회의 일차적 목적을 미국의 민주주의를 지원하는 것이라고 보는 점에서 그렇다. 하우어워스에 따르면, 라인홀드 니버가 인간 삶의 표식이라 할 비극이 궁극적으로 강제력과 폭력을 통해서만 성취될 수 있다고 생각했던 것은 옳지 않다.[33] 한 마디로 그는 평화의 길을 포기해서는 안 된다고 말한다. 특별히, 폭력의 시대에 평화의 가치는 하우어워스가 무척이나 강조하는 부분이다. 하우어워스가 자신의 책마다 이름 앞에 항상 '평화'(peace)를 표기하는 것은 그의 간절하고도 확신에 찬 기대의 표현이라 하겠다. 그에 따르면, 폭력의 문제는 기독교 사회윤리의 핵심주제이다.[34]

다만, 하우어워스가 말하는 평화는 일반적 의미의 그것과 다르다. '그리스도인이 추구해야 할 평화'에 주목해야 한다. 하우어워스가 보기에, 그리스도인이 추구하고 구현해야 할 평화는 라인홀드 니버가 말하는 것처럼 불가능

31 Stanley Hauerwas, *After Christendom?*, 18.

32 Stanley Hauerwas, *After Christendom?*, 171.

33 Stanley Hauerwas, *The Peaceable Kingdom: A Primer in Christian Ethics*(Notre Dame: University of Notre Dame Press, 1983), 145.

34 Stanley Hauerwas, "The Servant Community: Christian Social Ethics" in J. Berkman and M. Cartwright. ed., The Hauerwas Reader(Durham: Duke University Press, 2005), 390.

한 이상이 아니다. 평화란 완벽한 조화가 아니다. 갈등이 정의를 위한 정당한 요구를 묵살한다는 이유로 갈등 자체가 전혀 없는 질서를 만들어 내려는 것도 아니다. 하우어워스의 평화윤리는 인본주의적 평화가 아니다. 유토피아적이거나 감상적인 평화주의도 아니다. 하우어워스의 평화윤리는 기독교 신앙에 근거하고 있다. 그의 관점이 아나뱁티스트에 속하는 것이라는 논란이 있기는 하지만,[35] 정작 중요한 것은 하우어워스가 비폭력 평화를 기독교의 정체성에 해당하는 덕목으로 제시했다는 사실이다. 평화에 대한 하우어워스의 관점에서 주목해야 할 것은 평화란 인간의 합리적 능력에 관한 거짓 설명 위에 세워질 수 있는 것이 아니라고 말했다는 점이다. 하우어워스에 따르면, 평화는 하나님의 '주되심'(lordship)을 인정할 때 비로소 구현될 수 있다. 여기에는 하나님 나라와 전쟁은 양립할 수 없다는 확신이 담겨 있다.[36]

특히, 십자가에 대한 주목은 하우어워스의 평화를 말해 주는 가장 중요한 요소이다. 평화란 예수 그리스도의 삶과 죽으심과 부활하심을 통해서만 결정되고 가능하다고 본다.[37] 그리고 평화의 실천을 위해 교회는 매우 중요하다. 하우어워스에 따르면, 그리스도인들은 십자가에 박힌 구세주 이야기를 기억하고 전하기 위한 덕을 지닌 자들로서, 교회는 십자가에서 보여 주신 '평화'를 구현하는 공동체가 되어야 한다. 예수 그리스도가 십자가에서 보여 준 모범, 즉 자신의 생명을 내어줌으로써 악을 소멸시키려 했던 모습을 바르게 배우고 실천하는 사람이라면 비폭력 평화를 말할 수밖에 없다는 뜻이 된다.[38]

---

35 하우어워스의 평화윤리가 메노나이트 신학자 요더의 영향을 받은 것이라는 점에서 아나뱁티스트에 속한 것이라는 의구심을 제기할 수도 있겠지만, 필자가 보기에는 하우어워스가 아나뱁티스트 혹은 메노나이트 자체에 대한 호감을 표현한 것이라기보다, 요더의 평화사상을 나름대로 종합하여 하우어워스 자신의 것으로 정립했다고 평가할 수 있다. 하우어워스의 윤리에는 요더 이외에 아리스토텔레스, 아우구스티누스, 맥킨타이어 등 여러 사상들이 반영되어 있으며, 하우어워스는 평화를 교회가 실천해야 할 공동체적 덕목으로 제시한다.

36 Stanley Hauerwas, 『교회됨』, 문시영 역(성남: 북코리아, 2010), 198.

37 Stanley Hauerwas, *The Peaceable Kingdom*, Preface, x vii.

38 Jason White, "Interview with Hauerwas 'General in a small army: Hauerwas battles for pacifism'", (http://assets.baptiststandard.com/archived/2003/3_17/pages/hauerwas.html).

이와 관련하여, 평화가능성(peaceableness)이라는 표현에 주목할 필요가 있다. 니버의 기독교 현실주의에 의구심을 제기한 하우어워스는 니버의 영향을 받은 생각들, 특히 평화란 현실적으로 구현될 수 없다는 생각에 대해서도 반론을 편다. 하우어워스에 따르면, 교회는 우리를 다스리는 것은 사랑이 아니라 현실적으로 폭력일 수밖에 없다는 세상정치에 대한 대안이 되어야 하며, 평화의 왕국(the peaceable kingdom)의 증인이 되어야 한다.[39]

평화 가능성의 강조는 하우어워스의 강한 신념을 상징한다. 그가 말하는 평화의 왕국, 즉 평화가 구현될 수 있는 하나님 나라의 비전은 이사야서에 기록된 '사자들이 어린양과 뛰노는' 비전에 해당하는 것으로서, '방주'(Noah's ark)의 상징성으로도 요약될 수 있다.[40] 방주는 평화의 종말론적 상징으로서, 늑대가 고분고분하게 양과 함께 앉아있어야만 남은 생명체들 모두가 구조될 수 있는 모습을 담아낸 비전이다. 이것이야말로 평화의 왕국 혹은 평화가 실현가능하게 되는 왕국의 상징으로서, 하나님의 평화가 구현 가능한 것임을 강조해 주는 대목이라 하겠다.

역설적으로, 그리스도인이 갈망하고 기도하며 받아야 할 평화는, 무질서에 대해서는 폭력만이 유일한 무기가 된다는 가정에 기초하고 있는 이 세상에서 불안을 만들어낼 수밖에 없다. 하우어워스에 따르면, 폭력은 하나님에 대한 인식 없이 인간이 삶의 주인이며 또한 삶의 의미를 부여하는 자라고 생각하는 허위의식에서 비롯된다.[41]

이러한 뜻에서, 세상에 난무하는 폭력적 삶에 대한 대안적 삶 혹은 비폭력적인 삶이라고 하는 평화에의 비전이 필요하다.[42] 하우어워스는 폭력의 문제를 통렬히 적시하면서 평화를 절실하게 요청한다. 그에 따르면, 세상은 하나님을 모르기에 두려움을 연료삼아 폭력의 불길을 지속적으로 태워내는 곳

---

39 Stanley Hauerwas, *The Peaceable Kingdom*, 102.
40 Stanley Hauerwas, *The Peaceable Kingdom*, Preface, x vii.
41 Stanley Hauerwas, *The Peaceable Kingdom*, 94.
42 Stanley Hauerwas, *Against Nations*(Minneapolis: Winston, 1985), 151.

이다.[43] 세상의 이러한 비극을 거부하려는 관점은 더욱 더 비극적인 결과를 가져올 뿐이다. 폭력을 통해 비극을 회피하려는 경우도 있다.

그러나 그리스도인은 이 세상이 안전하다고 말하지 않는다. 세상이 하나님의 주권 아래 있다고 말할 뿐이다. 하나님의 주권에 관한 기독교적 확신은 교회에게 독특한 능력을 부여한다. 교회의 자기보호 또는 안전보장을 위해 강제력이나 폭력에 의존하기보다, 진실은 밝혀질 것이라는 믿음으로 세상을 감당해낼 능력을 부여한다. 안타깝게도 교회가 자주 상실해버리는 무저항적 특성이야말로 기독교 이야기의 능력, 즉 그리스도인으로 하여금 하나님의 섭리적인 통치에 합당하게 살아가게 하는 능력의 표식이다.[44]

이러한 맥락에서, 하우어워스는 세상을 다스리는 것은 사랑이 아니라 폭력일 수밖에 없다는 생각 그리고 그것을 기초로 삼는 이 세상의 정치에 대해 교회가 사회적 대안이 되어야 한다고 강조한다. 악한 자를 대적하지 말라는 것은 폭력이 본질적으로 악하다는 이유에서만이 아니다. 교회의 비폭력에 대한 가르침은 '하나님 이야기'(story of God)에서 나왔다. 하나님께서 생명의 주가 되심을 믿는다면, 어떻게 자신들과 역사가 폭력의 사용으로 안전을 보장 받을 수 있다고 생각할 수 있겠는가?

물론, 하우어워스가 평화에 대한 모든 것을 말한 것은 아니다. 다만, 정당전쟁론 혹은 기독교 현실주의가 기독교의 논리를 대표하는 것이 아님을 일깨워준 것만으로도 그 의의는 충분해 보인다. 비록 멀고도 험난한 길이지만, 평화에 대한 절실함을 포기해서는 안 되며 평화를 위한 모색을 경시해서는 안 된다는 사실에 방점을 찍어주었다는 점에서 그렇다.

하우어워스가 말하는 기독교적 평화의 길로서의 비폭력 평화가 폭력이 극악화 되어가는 현실에서 과연 가능한 것일까? 그것이 폭력의 악순환을 끊을 계기가 되어 줄 수 있을까? 심지어 바티칸에서조차 폭력 없이 정치적 해결을 하려면 조직적이고 면밀한 연대가 필요하며, 그것이 불가능하다면 무

43 Stanley Hauerwas, 『교회됨』, 213.
44 Stanley Hauerwas, 『교회됨』, 198.

력사용이 불가피하다고 말하는 정황에서,[45] 평화를 위한 모색은 과연 현실적으로 가능한가?

사실, 미국이 전쟁 중이지 않았던 때를 찾아보는 것 자체가 어려울 정도이다. 미국인에게 있어서 전쟁은 가장 미국적인 특징을 말해 주는 도덕적 실재로 받아들여지고 있다.[46] 말하자면, 전쟁이 미국의 정체성(American identity)을 구성하는 요소로 작용하고 있다. 심지어 일종의 전쟁중독에 빠져 있다. 전쟁을 마치 또 다른 비디오 게임 정도로 생각하고 있는 것처럼 보인다.

하우어워스의 평화윤리가 주목을 받는 것은 바로 이러한 미국적 대세를 거스르고 있기 때문인 것으로 보인다. 예를 들어, 하우어워스는 9·11에 대한 응징을 명분삼아 기독교의 이름을 개입시킨 부시 대통령이나 그의 입장에 동조한 보수적인 기독교인들의 태도를 통렬히 비판한다. 기독교는 평화에 관심해야 하며 비폭력 평화를 위한 노력이 절실하다고 주장한 하우어워스의 관점이, 용서와 십자가의 정신을 평화에 대한 확신의 근거로 삼는 평화윤리로 나타난 셈이다.

하우어워스가 그리스도인들이 비폭력을 위해 부르심을 받았다고 말하는 이유는 비폭력이야말로 세상에서 전쟁이 사라지게 할 전략이라고 믿기 때문이 아니다. 전쟁이 끊이지 않는 세상에서 신실한 그리스도의 제자로서 비폭력 외에는 다른 선택을 상상할 수 없기 때문이다.[47] 미국의 그리스도인들은 9·11테러에 대해 반응하기를 난감해 한다. 그리스도인으로서보다는 더 많이 미국인으로 생각하고 있기 때문이다.[48]

흥미로운 것은 하우어워스 자신도 비폭력이 폭력의 악순환을 끊어낼 절대적 대안이라고 생각하지 않는다는 점이다. 하우어워스가 비폭력 평화를

---

45 "바티칸 대사, IS에 무력 사용 필요할 수도"(헤럴드 경제, 2015.3.15).

46 Stanley Hauerwas, *War and the American Difference: Theological Reflections on Violence and National Identity*(Grand Rapids; Baker Academic, 2011), preface. ix.

47 Stanley Hauerwas and Jean Vanier, 『화평케 하는 자는 복이 있나니』, 김진선 역(서울: IVP, 2010), 58.

48 이에 대해서는 하우어워스가 듀크대학에 재직하던 시절에 했던 대학 인터뷰 기사를 참고할 수 있겠다. "Faith Fires Back"(2002.1.31.) http://dukemagazine.duke.edu/article.

말하는 것은 그것이 폭력을 둘러싼 현대의 정치와 문화를 극복할 전략이라고 생각하기 때문이 아니다. 다만, 비폭력 평화가 복음의 가르침이라는 사실에 주목할 필요가 있다. 복음에 충실한 증인이 되는 것이야말로 그리스도인의 윤리적 과제라는 점에서, 비폭력 평화의 강조는 그리스도의 제자가 걸어야 할 사명으로 격상된다.

하우어워스는 전쟁과 관련하여 그리스도인의 사명을 재점검한다. 비록 전쟁 폐지가 선한 일이기는 하지만, 그리스도인의 사명은 전쟁을 폐지하는 것이라기보다 그리스도의 십자가와 부활의 사건이 전쟁을 폐지시켰다는 확신에 걸맞게 살아가는 것이라고 말한다. 이것은 전쟁이 십자가와 부활에 의하여 폐지되었음을 확신하는 데 그칠 것이 아니라, 그러한 확신을 얻은 이후에 어떻게 살아야 하는가를 고민해야 한다는 뜻이다.[49]

문제는 이것이다. 과연 평화주의가 최선의 길인가? 하우어워스 자신이 말한 것처럼, 현대사회에서 평화주의자(pacifist)가 된다는 것은 쉽지 않다. 어쩌면 외롭고 드문 경우일지도 모른다. 그럼에도 불구하고 하우어워스는 공격과 테러에 대항하는 그리스도인의 고유한 응답은 비폭력적인 것이어야 한다는 주장을 강하게 제시한다.

놀랍게도 IS에게 잔혹한 핍박을 받은 기독교인들이 IS에 대한 용서를 선포하는 경우들이 있었다. 언론에서는 이들이 용서를 통해 폭력에 저항하는 것이라는 평가를 내리고 있다.[50] 마치 하우어워스의 평화윤리를 실천하는 것으로 느껴지는 이들의 모습에서 평화를 위한 단초를 발견하게 된다. 더구나 그들의 용기에 감동이 된다. 그럼에도 불구하고, 극단주의자들 사이의 잔인성 경쟁으로 인한 폭력이 더욱 심각해지고 있는 현실을 어떻게 설명해야 할지는 아직도 미지수다.[51] 여전히 이 질문을 할 수밖에 없는 것은 니버의 유산을 떨쳐내지 못한 탓일까?

---

49 Stanley Hauerwas, "Making Connection: By Way of a Response to Wells, Herdt, and Tran," in Charles M. Collier, ed., The Difference Christ Makes(Eugine: CASCADE books, 2015), 84.

50 "IS를 용서합니다"(국민일보, 2015.3.22).

51 "케냐 테러, 알카에다 IS 주도권 싸움 탓"(조선일보 2015.4.4).

Ⅲ. 이슬람포비아를 넘어 평화의 모색으로

질문을 바꿀 필요가 있다. 폭력의 악순환을 끊고 평화를 모색하는 길이 멀고도 험난하지만, 그 길을 위한 파트너를 만드는 것 또한 '평화 만들기' (peace-making)의 한 과정일 수 있지 않을까? 하우어워스를 통해 평화의 절실함을 기독교의 관점에서 재조명했던 것처럼, IS와는 다른 길을 가는 이슬람의 목소리로 평화를 말하게 하자는 취지이다. 이제까지 그러한 시도가 없었던 것은 아니겠지만, IS라는 '비극적' 현실의 한복판에서 평화를 위한 공동모색을 전개하는 것은 큰 의의가 있을 듯싶다.

사실 IS의 잔혹상은 '이슬람포비아'(Islamophobia)를 조장할 수 있다. 가뜩이나, 교회가 시민적 비난에 직면하고 기독교 인구가 눈에 띄게 감소하고 있는 한국 교회의 위기의식은, 이슬람의 괄목할 만한 확장에 대한 경계 혹은 혐오의 단계를 넘어 이슬람포비아로 확산될 우려가 있다. 설상가상으로, IS의 극악한 테러 소식들과 IS에 가담하려는 청년들 속에 한국인도 포함된 현실 속에서 이슬람포비아는 더욱 증폭될 수밖에 없다.

더구나 이슬람 사원의 건축을 가시적 위협으로 인식하기 쉬운 한국 교회에게, 밀려 들어오는 무슬림 노동자들의 수효와 그들의 문화적 침투는 적지 않은 경계심을 갖게 하는 것이 사실이다. 여기에 이슬람 세력의 한국 진출과 관련된, 출처가 확인되지 않은 소문들이 더해지면 경계를 넘어 포비아의 단계로 급격히 전환될 여지는 충분해 보인다. 교회로서는 위기의식을 떨쳐내기 어려운 상황이다.

이러한 때일수록 무슬림들과의 인격적인 만남을 통해 그들에게 예수 그리스도가 필요하다는 목소리에 귀를 기울일 필요가 있다.[52] 이슬람을 평화를 위한 공동모색의 파트너로 삼을 수 있다면, 그 의의는 결코 작지 않을 것이다. 평화의 문제가 기독교와 이슬람이 만날 수 있는 시대적 이슈임에 주목할 필요가 있다. 다만 평화를 위한 공동의 모색은 종교다원적 제안이라기보다

---

52 "이슬람 포비아를 넘어"(노컷뉴스, 2015.2.27).

도덕과 종교의 재결합을 위한 노력이라 할 수 있을 것이다.

단적으로 말해서, IS의 잔혹한 폭력으로 촉발된 전 세계적인 우려는 그들의 폭력에 대한 공포보다는 이슬람포비아로 확산될 수 있다. 더구나 IS의 극단적인 폭력에 대한 폭력의 대항이 이어지면서 결과적으로 폭력의 악순환에 빠지게 될 것은 너무도 자명해 보인다. 이러한 정황에서, 종교가 해야 할 일은 IS의 폭력에 대한 도덕적 비난과 함께 평화의 윤리를 위한 공동 모색에 나서는 것이라 하겠다.

정치 지도자들과 군사 전문가들이 IS의 폭력에 대해 폭력을 통한 응징을 강조하면서 종교의 이름으로 폭력을 정당화해 주는 것은 사태를 악화시키는 것이 되기 쉽다. 오히려 종교는 폭력의 악순환을 우려하는 전제에서 출발하여, 기독교와 이슬람이 함께 평화를 위한 모색에 머리를 맞대는 모습을 보여 주어야 마땅하며, 이 과정에서 예수 그리스도의 필요성을 인식시키기 위해 경주해야 할 것이다. IS의 폭력성 문제를 중심으로 이슬람과 대화하되 도덕성과 평화에 관한 공동의 길을 모색하면서 기독교의 평화논의를 통해 복음을 전할 기회를 찾아야 한다는 뜻이다. 사실, 종교의 도덕적 수준과 폭력성은 같은 뿌리에서 나왔다.[53] 모든 종교는 평화애호적인 도덕의 모습과 함께 폭력적인 부도덕의 모습을 동시에 지니고 있다. 일종의 양면성인 셈이다. 이러한 양면성을 도덕성의 성숙 및 평화를 위한 논의로 발전시켜 나아갈 공동의 인식이 절실하다.

IV. 나오는 말

폭력은 종교의 이름을 의지하는 순간, 극악한 형태로 팽창하며 악순환을 초래한다. 종교의 이름으로 초래된 폭력 혹은 종교의 폭력성은 종교의 평화 추구를 통해서만 해소될 수 있다. 폭력의 악순환을 끊을 수 있을지 회의적인

[53] '도덕과 폭력은 종교의 이란성 쌍둥이'(연합뉴스, 2011.2.16.).

것은 사실이지만, 그 노력 자체를 포기하는 것은 더 큰 위험을 초래할 것이다.

이 글에서 IS의 잔혹한 폭력과 그에 대한 폭력의 대항을 두고 세 가지를 살펴보았다. 첫째, 폭력의 문제가 근본주의자들이 지닌 경향성이라고 말하는 것을 넘어서 종교의 이름으로 폭력을 자행하는 것 자체를 심각하게 문제 삼아야 하며, 둘째, 현대의 종교가 근본주의 문제를 넘어 폭력의 악순환에 빠져 있음을 직시해야 한다는 것과, 셋째, IS가 촉발시킨 잔학한 폭력사태가 한국 교회에 '이슬람포비아'를 증폭시킬 요소가 될 수 있지만, 그것을 넘어 평화를 위한 공동모색이 필요하다는 것을 제안하였다.

잠정적이며 불안한 평화에 기대어 살 수밖에 없는 인간의 실존적 정황에서, 종교가 폭력을 숭배하는 것은 종교 자체의 존재 이유를 상실하는 것과 다르지 않다. 이러한 때일수록 종교의 이름으로 폭력을 정당화함으로써 초래된 폭력의 악순환을 끊어 낼 수 있는 평화의 윤리를 모색하되, 근본주의 논쟁을 비롯한 사변적 접근을 넘어 평화의 윤리적 실천으로 이어질 수 있기를 기대해 본다.

● 참고문헌

고범서,『라인홀드 니버의 생애와 사상』, 서울: 대화문화아카데미, 2007.

슬라보예 지젝,『폭력이란 무엇인가』, 이현우 외 역, 서울: 난장이, 2014.

스탠리 하우어워스,『교회됨』, 문시영 역, 성남: 북코리아, 2010.

스탠리 하우어워스, 장 바니에,『화평케 하는 자는 복이 있나니』, 김진선 역, 서울: IVP, 2010.

강학순, " '근본주의'의 극복에 관한 철학적 고찰",『존재론 연구』, 제27집(2011. 12): 71~100.

고세훈, "종교의 폭력성, 폭력의 종교성: 이 책을 말한다.『거룩한 테러』",『기독교 사상』제563호(2005. 11), 82~92.

권형기, "이슬람교 근본주의의 기원과 본질",『기독교 사상』제388호 (1991.4), 29~39.

김명희, "종교, 폭력, 평화: 요한 갈퉁의 평화이론을 중심으로",『종교 연구』, 제56집 (2009. 9): 121~148.

김윤성, "미국 사회와 개신교 근본주의: 사면초가 속의 저력",『역사비평』, 제64호 (2003. 8), 60~81.

김진혁, "세계 신학자와의 대화(12): 현대사회를 위한 기독교윤리, 스탠리 하우어워스",『기독교 사상』, 제658호(2013.10), 138~147.

엄한진, "왜곡된 근대화의 산물로서의 이슬람 근본주의",『종교 연구』제29집(2002 겨울): 147~167.

홍석준, "미국 패권주의에 대한 도전으로서의 이슬람 근본주의: '9·11테러'와 '10·7 미국-아프가니스탄 전쟁'을 바라보는 이슬람적 시각",『진보평론』제10호 (2001 겨울), 211~231.

Gill, Robin, *Churchgoing and Christian Ethics*, Cambridge: Cambridge University Press, 1999.

Hauerwas, Stanley, *The Peaceable Kingdom: A Primer in Christian Ethics*, Notre

Dame: University of Notre Dame Press, 1983.

Hauerwas, Stanley, *After Christendom?*, Nashville: Abingdon Press, 1991.

Hauerwas, Stanley, "The Servant Community : Christian Social Ethics" in Berkman, J., and Cartwright. M., ed., The Hauerwas Reader, Durham: Duke University Press, 2005.

Hauerwas, Stanley, *War and the American Difference: Theological Reflections on Violence and National Identity*, Grand Rapids; Baker Academic, 2011.

Hauerwas, Stanley, "Making Connection: By Way of a Response to Wells, Herdt, and Tran," Collier, Charles M., ed., The Difference Christ Makes, Eugine: CASCADE books, 2015.

Jason White, "Interview with Hauerwas 'General in a small army: Hauerwas battles for pacifism'," (http://assets.baptiststandard.com/archived/2003/3_17/pages/hauerwas.html)

"바티칸 대사, IS에 무력사용 필요할 수도"(헤럴드 경제, 2015.3.15).

"IS를 용서합니다"(국민일보, 2015.3.22.).

"케냐 테러, 알카에다 IS 주도권 싸움 탓"(조선일보 2015.4.4).

"이슬람 포비아를 넘어"(노컷뉴스, 2015.2.27).

"예루살렘, 폭력과 광기가 빚어낸 전장"(연합뉴스 2014.8.7.).

"IS 참수 영상의 지하디 존, 미국의 특별 표적 됐다"(조선일보 2015.3.2).

"더 강하고 잔혹한, IS의 탄생"(한겨레21, 2014.9.26).

"IS, 기독교말살 야욕 드러내"(국민일보 2014.9.29).

현대의 폭력적 사태와 관련하여
문명충돌론에 대한 제고

서동찬*

---

* 한반도국제대학원대학교 교수(국제 정치학).

● ABSTRACT

Seo, DongChan

Samuel Huntington's Clash of Civilizations became the influential theory to explain and predict the violence phenomena of the modern times. But as the title 'The Clash of Civilizations and the Remaking of Global Order' says, it was written to reformulate the foreign policies of Western countries after the collapse of Soviet Union. When the bipolar system left from the stage of history in 1990, two kinds of ideas concerning about the future were raised. One of them was the end-of-history thesis by Francis Fukuyama, based on the concept of Hegelian History (1992), and the other was Samuel Huntington's Clash of Civilizations. The thesis of Francis Fukuyama was so optimistic about the post-Soviet era that the future of human society would be full of peace and democracy. But the Huntington's thesis was totally different. He said that the clash of civilizations would dominate global politics and the fault lines between civilizations would be the battle lines of the future. His thesis obtained the support and agreement from the international community of scholars, politicians and from the public opinions. And it became the main frame of American foreign policies, especially after 9·11. Furthermore it is more reasonable to say that Huntington's Clash of Civilizations became the ideological tools to grant the legitimacy to the US invasion of Iraq in 2003.

This paper deals with this clash of civilizations thesis as the ideological framework for US foreign policies. Huntington's thesis is not a scientific theory but an ideological construction for the 'Remaking of Global Order'. Huntington said that the fundamental source of conflict in this new world would not be primarily ideological or primarily economic, but the great divisions among humankind and the dominating source of conflict would be cultural. But it is not true. The fundamental source of conflict is still political and economic problems. A series of 'Spring' events in the Middle East and ISIS are closely associated with the crisis of World Capitalist System. Huntington's Clash of Civilizations conceals the essence of modern violence phenomena and becomes the main causes of contemporary problems of the Middle East. The US invasion of Iraq in 2003 was supported by the clash of civilizations thesis and the unified national system of Hussein's Iraq was collapsed by the sectarian violence and terror among Shia, Sunni and Kurds.

Besides Islamic State established itself permanently as a state or quasi-state in the heart of the Middle East and actively uses the rhetoric of the upside-down Clash of Civilizations for the new Islamic Caliphate. Therefore the relationship between US and Islamic Jihadists seems to be adversarial symbiosis.

Unlike the approach of the conflicting civilizations, this paper deals with the modern violence phenomena from the viewpoint of the crisis of world capitalist system. Bretton Woods system dissolved between 1968 and 1973. The U.S. dollar's fixed value against gold became free from the Bretton Woods system of fixed exchange rates. As a result, the inflation becomes inevitably due to the expansion of dollar liquidity, the high unemployment rate threatens the minimum conditions of survival. This contradiction was exploded as the global financial crisis in 2008. And the 'Spring' events in the Middle East and ISIS are closely related to the crisis of modern world system. In this context the clash of civilizations thesis is a kind of ideological camouflage to cover the essence of the problem.

● **Key words**

Clash of Civilization, World Capitaist System, Religious Conflict, Anti-Systemic Movement. IS(Islamic State)

I. 서론

세계화가 진전될수록 소통과 네트워킹이 활발해지지만, 아직도 산적한 지구촌 공동의 문제들은 합리적인 방식으로 해결 되지 못하고 있고, 폭력의 문제 또한 제대로 방지 되거나 관리되지 못하고 있다. 두 번의 치명적인 세계대전을 거치면서, 근대 계몽주의의 토대가 되었던 인간 합리성과 이성에 대한 신뢰가 뿌리 채 흔들렸고, 정치와 종교를 분리하는 근대 세속주의는 세계 각지에서 해체 당하고 있다. 그리하여 근대 초기 사적인 영역으로 밀려났던 종교 영역이 강한 추진력을 갖고 다시금 공적 영역으로 진입하고 있으며, 이런 현상은 비단 이슬람 세계만이 아니라 서구 세계 전체를 포괄하고 있다. 최초로 동서 문명을 하나의 통합체계로 묶었던 몽골제국은 토착 종교의 다양성을 인정함으로써 제국의 분열과 갈등을 최소화 하는 전략을 구사했다. 이는 로마 제국의 경우도 마찬가지였다. 로마법의 기초는 스토아 철학의 자연법 사상에 기초하고 있다. 종교가 아무리 다르더라도 자연 질서는 하나의 공통의 토대로서 기능하기 때문에 제국의 법적 질서를 구축하기 위한 보편성은 확보되는 것이다. 16세기 이후 서유럽 국가들이 식민지 개척을 통해 세계를 장악했지만, 이미 이들은 가톨릭과 프로테스탄티즘의 갈등을 통해 충분히 정교 분리의 가치를 배운 후였다. 그러나 21세기는 근대 시기 보다 더욱 광범위하고 긴밀한 소통과 네트워크를 경험하는 세계 통합의 새로운 국면에 접어들고 있는데, 종교 문명들은 부활하고 정치 세력화 되고 있다.

1979년에 이란에서 호메이니 시아파 이슬람 혁명으로 이란 이슬람 공화국이 수립되고, 아프가니탄에서의 미·소 갈등이 소련 붕괴와 탈레반의 점령으로 이어지는 일련의 사례들은 이슬람의 정치화를 부정할 수 없게 만들었다.

1990년대 이후, 인도와 중국, 일본, 러시아 등 세계 전역을 통해 종교 세력들이 공적 영역에서 지대한 영향력을 발휘하고 있다. 인도는 전통적으로 네루와 간디가 표방했던 사회주의 가치를 바탕으로 다종교 사회인 인도를 통합하고 근대화를 이룩했지만, 힌두 종파주의 야당 세력은 사회주의 이념을 장기 독재와 지배의 이데올로기를 비판하고 인도의 정치 권력을 장악했다. 러시아 또한 동방정교 기독교 정신을 바탕으로 한 '신적 특수 사명'을 믿는 정치 세력들이 강화되고 있다. 중국과 일본에서도 유교와 신도의 종교적 가치를 국가 번영과 연결 짓는 경향이 강해지고 있다. 그러다가 결정적으로 2001년 9·11테러는 종교 문명들의 충돌이 실체적 현실임을 시각적으로 보여줬고, 최근에는 시리아와 이라크에 수립된 이슬람 국가(Islamic State as Worldwide Caliphate) 등의 일련의 현상들을 통해 문명충돌론이 설득력을 얻고 있다. 게다가 반서구 반기독교 문명을 표방하는 IS 점령 지역으로 서방세계뿐 아니라, 중국, 러시아, 아시아 등지에서 수많은 동조자들이 몰려가고 있다. 2011년부터 몰아 닥친 '중동의 봄'은 세속주의 지배 엘리트들을 몰락시켰고, 종교운동에 기반한 반정부 세력이 정치 일선에 등장하게 만들었다.

물론, 계몽주의 자체가 근대의 산물이며, 인류는 더 오랜 세월 동안 종교와 분리되지 않은 문명 세계를 살아왔기 때문에 포스트모던 시대에 이러한 종교 복귀 현상은 이상한 일이 아니다. 그러나 종교는 신념 체계를 바탕으로 하는 세계관이기 때문에 근본주의적 요소를 내포하고 있다. 그렇기 때문에 종교들이 정치화 되고 패권주의 세력의 이데올로기로 도구화 된다면, 지구촌 공동체는 치명적인 문명충돌의 늪에 빠지게 될 것이다.

그러나 문명충돌론은 하나의 이론이다. 이론은 현상을 설명하고 해결책을 찾기 위해 구성된다. 그러나 이론이 구성되고 실천 방안이 나오는 것이 아니다. 책을 쓸 때도 결론이 먼저 있고, 그 결론에 정당성을 주기 위해 본론이 구성된다. 이론은 객관적 사실을 반영하고 있지만, 다분히 이데올로기적 의도성을 지니고 있다. 현상을 어떻게 이론적으로 해석하고 규정하느냐에 따라 대응이 달라진다. 이론이 구성되기 전에 실천이 먼저 결정 되어 있다. 어떻게 대응해야 한다는 결론이 먼저 있고, 그것에 정당성을 부여하기 위해 사실과 증거들로 구성된 이론이 구축된다. 문명충돌론이 현상을 설명하는 타당한 이론이라면 이는 문명들의 충돌을 기정 사실로 받아 들이는 것이다. 이것은 문명들의 충돌을 자연적 현상으로 여기는 것이며, 그래서 그나마 할 수 있는 것은 종교 문명 간의 대화와 협력일 뿐이다. 따라서 문명 간의 대화 또한 문명충돌론과 동전의 양면처럼 편견을 공유하고 있다. 그런데 문명충돌론이 이데올로기라면 그것을 통해 이익을 얻게 되는 세력이 있다. 그래서 그들의 이익에 과학적 정당성을 부여하기 위한 이론이 필요한 것이다. 문명충돌론은 대립하는 관계에 있는 상대방 문명을 적으로 상정함으로써 자기 정체성을 재정립 하고 내부의 적들을 제거 하는 효과를 얻을 수 있다. 내적 세력들의 원심력을 억제할 수 있는 강력한 이데올로기적 구심력을 얻음으로써 충돌의 도구화 되고 결국 적과의 동침(sleeping with the enemy)을 통해 스스로의 존립 기반을 확고히 할 것이다. 더 나아가 이데올로기는 내부의 더 결정적인 모순 구조를 은폐하는 효과를 만들어낸다. 다시 말해서 문명들의 충돌과 대화로 상황을 해석할 경우, 그 보다 더 근본적인 모순은 논의에서 배제되게 되고, 최종적으로는 그 모순을 은폐시켜 버리고 만다. 따라서 충돌의 양편에 서 있는 이데올로기의 혜택을 보는 진영은 결국 양 진영을 관통하고 있는 보다 본질적인 모순을 은폐할 수 있게 된다. 따라서 문명충돌론은 다분히 이데올로기적 성격이 강한 이론이다.

　　이 논문의 목적은 현대 사태의 폭력과 갈등을 설명하는 기존의 문명충돌론의 이데올로기적 함의들을 비판적으로 분석하는 것이다. 문명충돌론의 이데올로기적 허상들은 낱낱이 규명되어야 할 것이다. 이를 위하여 본 논문은 우선 '서양'과 '동양', '우리'와 '타자', 문명과 야만의 이분법으로 구분하는 문명충돌론의 오리엔탈리즘적 편견을 규명할 것이다. 나아가 무작정 비판만 하는 것이 아니라 현시대 지구적 갈등과 폭력의 원인을 설명하는 문명충돌론이 아닌 이론적 틀이 필요하다는 사실을 인식하고, 특별히 세계 체제론자인 임마누엘 월러스타인이 제기했던 전지구적 자본체제의 위기와 반체제 운동(anti-systemic movement)에 주목할 것이다. 폭력은 불만의 폭발이며, 최소한의 생존 자체가 불가능한 한계 상황에 처하게 되면 폭력은 독버섯처럼 치명적이고 급속도로 퍼지게 된다. '문명'이라는 실체가 불분명한 분석 단위를 버리고, 평범한 사람들이 왜 거리에 나아 생존을 위해 절규하고 돌을 던지고 독재에 저항하는지 알아야 한다. 철저하게 현실을 파악해야 하고, 권력과 야합한 이데올로기적 이론들이 과학의 이름으로 세계를 구조화하고 파괴하는 것을 막아야 한다. 이데올로기는 사람의 의식을 마비시키고 향방 없는 극한의 대결과 폭력으로 내몬다. 또한 이 논문은 오사마 빈 라덴의 알카에다와 IS와 같은 지하드주의가 구사하는 이데올로기를 대항적 문명충돌으로 규정하고 비판적으로 분석할 것이다. 지하드주의는 다시 무함마드와 초기 칼리프들(살라프) 시대의 이슬람 세계로 돌아가야 한다고 주장하지만, 실제로는 헌팅턴의 문명충돌론과 유사한 정치적 이데올로기적 은폐 구조를 내포하고 있다고 보는 것이다.

이러한 연구 목적을 위해서 본 논문은 우선, II장에서 헌팅턴의 문명충돌론 담론이 어떻게 발생하여 국제정치 실전 무대에서 무기화 되었는지 분석할 것이며, III장에서는 문명충돌론을 뒤집은 이슬람주의 운동과 IS 사태를 연구하며, IV장에서는 문명충돌론적 이데올로기에서 탈피하여 글로벌 금융 자본주의의 내적 위기의 차원에서 중동의 민주화 사건과 IS 현상을 분석하고자 한다.

II. 문명충돌론의 이데올로기적 성격

1. 문명충돌론의 계보학

1993년, 미국의 대표적인 보수주의 저널인 〈*Foreign Affairs*〉에 〈'The Clash of Civilizations?'〉 제하의 논문이 실리면서, 문명충돌론은 세간의 주목을 받기 시작했다. 1990년 12월, 모스크바 크레믈린에서 소비에트 국기가 내려지면서, 냉전 이후 세계가 어떻게 될 것인지에 세계는 주목했다. 냉전 이데올로기는 세계를 제1, 2, 3세계로 구획화하였다. 자본주의 진영과 사회주의 진영으로 편재된 양극체제는 국제정치를 지배하였고 다른 수많은 변수들을 냉전 이데올로기의 하위 체계로 종속화시켰다. 남한의 경우, 전후 친일 청산의 민족적 과제를 제대로 완수해야 새로운 국가 건국의 역사를 제대로 시작할 수 있었는데, 북한의 사회주의 세력 때문에 해방 후 친일 세력들이 재등용되고, 반공은 친일의 치부를 은폐하는 이데올로기로서 작동한다. 1968년 5월, 프랑스의 학생운동은 냉전 이데올로기의 억압 하에 심화되었던 여성 인권, 학생 인권, 병원 인권, 성적 소수자 인권과 같은 마이크로 권력 관계를 타파하는 운동으로 분출했다. 당시 프랑스 공산당은 스탈린주의 이데올로기에 천착하여 이러한 사회 운동에 소극적으로 반응했고, 오로지 계급 모순의 해결이 이런 모든 문제를 바로 잡는 길이라고 주장하는 계급 환원론에 빠져 있었다. 1979년 소련이 아프가니탄을 침공했을 때 미국은 간접적으로 이슬람 국가들을 지원함으로 냉전적 사고에 따라 반응했다. 중동 국가들에 소련의 세력이 침투하자 미국은 사회주의의 무신론으로부터 중동의 지식인들을 차단하기 위해 이슬람의 강화를 지지했다. 반소 지하드를 선동하는 이슬람주의 이맘들이 미국의 실리콘 밸리를 돌며 연설하게 했고, 파키스탄 정보국을 통해 막대한 군사 장비와 물자들을 카라치 항구로 실어 날랐고, 이슬람주의자들의 종교적 열정을 이용하여 소련의 남하를 저지하려 했다. 아프가니스탄은 산악 지대로서 북으로는 중앙아시아 소비에트 국가이고 남으로는 친서 구 파키스탄이 대면하는 전략적 완충지였다. 한반도가 냉전 체제의 완충지로서 대리 전쟁터가 되는 경계선(faultline) 위에 위치 했듯이 아프가니스탄 또한 서아시아의 냉전 분기점이었다. 역설적이게도 이슬람 지하디스트들은 냉전의 인큐베이트에서 태어난 무서운 아이들이라고 할 수 있다. 1970년대에 베트남 전쟁에 관여하여 막대한 인명과 물자를 투입하고도 치욕적인 퇴각을 할 수밖에 없었던 미국은 모스크바 당국의 아프가니스탄 점령을 다분히 고대했는지 모른다. 아프가니스탄은 당시 친소련 세력이 정권을 장악하면서 무슬림 지역민들을 공포 정치로 통치하며 가압적인 토지 개혁과 봉건 질서 해체를 서두르고 있었다. 수많은 아프가니스탄 민중들은 무신론 정권에 등을 돌렸고, 파키스탄의 페샤와르로 난민들이 유입되었다. 전 세계 이슬람 사회로부터 난민들을 돕는 물질이 밀려 들었고, 파키스탄의 이슬람 학교 마드라사 네트워크는 사우디아라비아의 지원을 받아 탈레반 신세대를 양성했다. 탈레반은 학생이라는 뜻으로 마드라사에서 기숙사 생활을 하면서 지원금을 받아 가족을 부양했으며, 방학 때는 아프가니스탄 전투 실전에 투입되어 싸웠다. 서방 세계의 경건한 무슬림들은 지하드 투어 프로그램을 통해 파키스탄에 들어와 총을 들고 하는 수련회에 참석하고 돌아갔다. 서구 질서에 불만이 있었던 유럽의 무슬림들은 이슬람의 땅에 침략해 온 소련군에 맞서 싸움으로 자국에 대한 분노를 대리 배출할 수 있었다. 이것이 바로 냉전 체제이다. 그러나 소련 붕괴를 통해서 그동안 억압되었던 모순들이 무질서하게 분출될 가능성이 컸다. 반소 이데올로기에 안주 했던 독일이 여전히 미국 주도의 세계 질서를 지지할지 아무도 알 수 없었다. 전통적인 라이벌 관계인 독일과 프랑스가 유럽의 패권을 놓고 다시 맞붙지 말라는 법도 없었다. 해체된 동유럽 소련 군사체제는 나토의 존립 자체를 불필요하게 만들 수 있었다. 그럼에도 서방세계의 자유주의자들은 소련 해체가 인류 문명을 진정한 자유와 번영의 시대로 만들 것이라고 낙관했다. 특히 후쿠야마의 〈역사의 종말〉은 전체주의 이데올로기의 종결이 곧 역사 발전의 최종 완성 단계로 이어질 것으로 낙관 했다. 이것은 헤겔의 서구 중심적인 역사철학과 궤를 같이하는 사고이다. 일찍이 헤겔은 역사철학 강의에서 역사의 발전이 게르만 세계에 완성되었다고 믿었다. 헤겔은 역사를 절대 이념의 현실화 혹은 외화로[1] 봤는데, 그 증거는 자유의 확대이다. 고대의 왕조국가들에 비해서 게르만 문화는 자유 확대의 최종 단계, 즉 역사 발전의 최첨단 완성 단계가 되는 것이다. 그러나 이것은 역사 발전을 단선적으로 보는 것이다. 거꾸로 말하자면, 아시아와 아프리카는 후진 단계에 머물러 있기 때문에 앞서 가는 서방 세계가 개입하여 충격 요법을 가해야 발전한다는 논리이다. 제국주의 침탈을 식민지 근대화 발전론으로 미화하는 이데올로기와 다름 아니다. 한편, 헤겔의 관념 철학을 뒤집어 역사적 유물론을 주창했던 마르크스의 사상 체계 또한 이러한 단선적 역사관의 한계를 벗어나지 못한 서구 중심주의의 해악이다. 따라서 둘은 서로 적대적이면서도 본질은 같이 하는 아이러니한 관계를 맺고 있다. 결국 이 양자는 순서만 달리하는 쌍

---

1   헤겔의 용어로, 독일관념론에서는 어떤 존재가 자기 안의 본질을 자기 밖으로 외화하여(external-ization) 자기에게 낯선 것 혹은 자기에 대립되는 것으로 정립하는 것을 뜻한다. ― 편집자 주.

둥이이며, 적과의 동침으로 맺어진 짝패이다.

그러던 사회주의 진영이 1990년 말, 스스로 붕괴 되었다. 당혹스럽기는 서방 세계도 마찬가지였다. 이러한 불안을 역사의 종말론적 완성으로 안심시켰던 사람이 후쿠야마였다. 그러나 동침의 마차를 이어갈 새로운 짝패를 지목한 것이 헌팅톤이다. 헌팅톤은 새로운 시대에서 가장 광범위하고 중요하고 위험한 갈등들은 사회 계급, 부자와 가난한 자 혹은 다른 경제적으로 정의된 집단들 간에 있지 않을 것이며, 그런 갈등은 다른 문화적 권역에 속한 사람들 사이에 있게 될 것이라고 주장했다. 따라서 부족간의 전쟁과 종족 분쟁은 문명들 내부에서 일어날 것이이며, 가장 위험한 문화적 분쟁들은 문명들 간의 경계선들을 따라 있게 된다고 주장했다. 다시 말해서, 사람들에게 궁극적으로 중요시되는 것은 정치적 이데올로기나 경제적 이익이 아니며, 사람들이 자신의 정체성을 형성하는 것은 신념, 가족, 혈연으로서 그것을 위해 싸우고 죽으므로, 결국 문명들의 충돌이 지구촌 정치의 중심현상으로서 냉전을 대체하게 될 것이라는 것이다. 따라서 단기적으로 서구 세계는 자기 문명 내부, 특히 유럽과 북미가 서로 협력하고 단일성을 증대시키는 것이 더 이익이며, 동유럽과 라틴 아메리카(서구와 보다 근접한 문명이기 때문)를 흡수하고, 러시아와 일본과 협력관계를 유지하며, 유교와 이슬람 국가의 군사적 팽창을 막기 위해 연대 하라는 것이다.[2] 나아가 헌팅톤은 냉전 후 미국 외교의 전략적 방향을 제시하면서1996년에 단행본 *The Clash of Civilizations and the Remaking of Global Order*를 출간하였는데, 그 책에서는 1993년 논문 제목에 있던 물음표를 떼고 '글로벌 질서의 재평가'라는 대목을 덧붙였다. 그는 앞으로 중국 문명의 급부상은 서구 문명의 위협 요소가 될 것이며, 이슬람 문명이 가세할 경우 서구 문명을 능가하게 될 것이라고 경고하고 있다. 따라서 헌팅톤의 테제는 미국이 세계 헤게모니를 유지하기 위해서는 중국과 이슬람의 결탁을 억제해야 하며, 서방세계는 새로운 잠재적 적대 진영을 막기 위해 새로운 연대 전선을 구축해야 한다는 것이다. 이것은 대결적 사고

---

2   Samuel Huntington, "The Clash of Civilizations?," Foreign Affairs, Vol. 72, No. 3 (1993): 24-49.

를 바탕으로 주적을 지목하고 내부 분열을 차단해야 한다는 강한 전략적 지침을 내리는 것이다.

    그렇다면 헌팅턴은 무엇을 근거로 1990년대 초에 이슬람 문명과 중국 문명을 위협적 요소로 지목했고, 또 그의 주장은 왜 그렇게 당시 학계와 정책 담당자들에게 큰 파장을 남겼을까? 위에서 언급된 대로 냉전 시기 미국은 중동 국가들에서 사회주의의 대항마로서 보수적 이슬람 세력의 확산과 촉진을 지지하는 입장이었다. 그러던 중에 헌팅턴의 문명충돌론이 서구 사회에 주목을 받은 것은 일련의 국제적 사건들이 자료가 되었음이 분명하다. 1988년에 호메이니의 이란 혁명은 미 대사관 인질 사건과 같은 충격을 미국 사회에 안겼으며, 살만 루시디(사탄의 시를 쓴 저자)를 처단하라는 호메이니의 법적 명령(fatwa)은 이슬람의 위협이 중동이라는 지역적 경계를 넘어 서방 세계에까지 파급될 수 있다는 것을 알리는 초유의 사건이었다. 이전의 이슬람적 영향은 제한된 사람들에게만 영향을 미쳤지만, 1979년 이후에는 전투적 이슬람의 존재를 현저하게 지각하지 못하는 사람들이 없었다고 평가할 수 있다. 그 후 컨퍼런스나 서적, 연구 프로젝트 등의 주제로 전투적 이슬람의 문제가 본격적으로 다뤄지기 시작했다.[3] 이미 상당한 수의 무슬림 이민자들이 1970년대 이후 북미와 유럽에 들어와 있는 상황에서 이란의 지하드 메시지는 서방 세계의 다문화적 사회구조를 내적으로 균열시킬 수 있는 위협이었다. 서구 사회에 유입된 아시아 문화권 출신자들이 본토 문화를 열등하게 보는 오리엔탈리즘의 편견을 극복하고 고유한 문화적 정체성과 권리를 정치화 할 경우, 일종의 내화된 문명충돌이 가시화 될 수 있었다. 포스트모던 시대 유럽 사회에서 무슬림 여성들이 히잡을 쓰는 것은 자발적인 문화적 정체성의 주체화 시도라고 볼 수 있었다. 비록 유럽에 살고 있지만, 세속문화에 속하지 않고 이슬람의 경건한 윤리 기준과 가치를 지킨다는 문화적 차별화의 표지가 히잡인 것이다. 비록 문명충돌론이 아니더라도 21세기 서구 사

---

3 Gilles Kepel, *Jihad: The Trail of Political Islam*, Trans. from French by Anthony F. Roberts (Cambridge, Mass.: Harvard University Press, 2002), 107.

회에서 이슬람의 문화는 엄연한 구성의 일원으로 인정되고 있다.

호메이니의 반제국주의 수사법(Rhetoric)은 대외적으로 서방을 '대적(Great Enemy)'으로 상정함으로 혁명 세력 내부의 균열을 차단하고 외부적으로는 동조 세력을 확산시키고자 하는 전략적 목표에 부합했다. 호메이니는 1979년 이슬람 혁명을 반서구, 반제국주의 이슬람 운동으로 이끌어 갔다. 본래 시아 이슬람은 세상의 종말에 전설의 이맘인 마흐디가 재림함으로 세상을 심판하고 신자를 구원할 것이라는 정적주의를 특징으로 한다. 따라서 인간의 주도적인 혁명 투쟁은 시아 이슬람의 전통적인 세계관과 맞지 않는 것이다. 호메이니는 이란의 시아파 성직자 사회에서 중간 단계의 사제였고, 일찍이 이란 왕가를 비판하다가 이라크로 추방되어 시아파 이슬람 신학교에서 가르치던 사람이었다. 그러나 그의 반정부 노선은 독재에 신음하던 이란 민중에게 혁명의 상징이었고, 반독재 반제국주의 연대의 중심으로 부각될 만큼 대중성을 획득하게 만들었다. 따라서 1979년의 이란 혁명은 엄밀히 보면 이슬람 혁명이었다기보다 반독재 반외세 정변의 성격이 강했다. 반정부 연대 세력 가운데는 호메이니와 같은 시아파 적극주의자들, 도시 빈민들과 좌파적 경향을 지니고 있던 학생들 그리고 자유주의 성향의 중간 계급이 포함되어 있었다. 비록 부패하고 무능한 친서구 팔레비 왕가를 타도해야 한다는 명분은 같았지만 호메이니를 추종하던 정파들이 모두 이슬람 혁명을 원했던 것은 아니었다. 그래서 1979년 정권 타도 이후 호메이니는 자유주의 중간 계층을 대표하는 인물을 총리로 세웠다. 그러나 미국 대사관을 습격하며 반외세 투쟁의 불길을 이어감과 동시에 그곳에서 입수한 문서들을 빌미로 자유주의 진영을 제거한다. 중간층을 대변하던 정치인과 미국과의 결탁을 암시하는 대사관 내부 문건이 증거가 된 것이다. 그리고 좌파적 성향의 청년 대중은 1980년에서 1988년에 걸친 이라크와의 전쟁에 투입되게 함으로써 호메이니의 이슬람 혁명은 반대 세력 없이 지속될 수 있었다. 호메이니 역시 일종의 이슬람적 문명충돌론 이데올로기를 구사함으로써 내부 반대 세력을 제거하고, 친서방 노선을 취하고 있던 수니파 이슬람의 중심인 사우디아라비아를 견제할 수 있었다.

1988년 이란과 이라크의 전쟁이 종결되고, 막대한 부채와 유가 하락에 시달리던 이라크의 사담 후세인이 위기의 타개책으로 1990년 쿠웨이트를 침공한다. 당시 사담 후세인은 민족적 사회주의라는 당의 노선에 어울리지 않게, 반제국주의와 진정한 이슬람의 명분을 내세워 국민들을 전쟁으로 몰아갔다. 호메이니의 수니적 변종 이데올로기가 이라크에서 나타난 것이다. 1990년은 소련이 해체되어 가는 혼란 속에 빠져 있었을 때이므로 사담 후세인은 사회주의 진영으로부터 도움 받을 처지가 되지 못했다. 따라서 일방적인 미국의 군사 개입 상황에서 사담 후세인에게는 이전의 사회주의 이데올로기보다 종교를 기반으로 하는 문명 대결의 수사법이 더 효과적이었을 것이다. 1988년에 발발한 아제르바이잔과 아르메니아의 전쟁이 1990년에는 소비에트 연방의 해체로 현실화 되었던 것도 주목해 볼만한 사건이다.[4] 아제르바이잔은 다수가 시아 이슬람을 믿고 있었고, 아르메니아는 동방 정교 (Oriental Christianity)의 나라였기 때문에 이 전쟁은 종교 전쟁의 성격을 띠는 것으로 오해가 될 수 있었다. 이 두 나라의 전쟁은 종교가 아니라 나고르-카라바흐라는 아제르바이잔의 영토 때문에 일어난 것이다. 이 지역은 아제르바이잔 사회주의 공화국에 속해 있었지만, 주민의 대다수가 아르메니아인들이었고, 스탈린 시기에 이렇게 행정 구역이 비정상적으로 정해진 이후 모스크바 정부에 줄기차게 시정을 요구했다. 아제르바이잔-아르메니아 전쟁으로 소비에트 안에 민족 분쟁이 확산되고 소련 해체로까지 이어졌기 때문에, 문명충돌론자들의 눈에는 소련의 패망이 문명충돌 때문이라고 보였을 것이다. 그러나 1990년 소련의 해체는 종교 문명의 충돌로 원인을 단순화 시킬 수 없다. 소련의 사회주의 무신론 환경에서 아르메니아 정교나 아제르바이잔 이슬람은 모두 봉건적 종교의 잔재로 취급받았고, 똑같이 탄압과 억압 상태에 있었다. 아제르바이잔과 이란은 동일한 시아파 이슬람을 믿는 나라이지만 카스피해 석유 때문에 지금도 갈등하고 있다. 그래서 이란은 기독교 국

4 Paul Weller, "The Clash of Civilizaions Theses and Religious Responses," *European Journal of Economic and Political Studies*, Vol. 3, (2010): 83.

가인 아르메니아와 친하고 아제르바이잔은 수니파 이슬람 국가인 터키와 친하다. 여기서는 문명들이 충돌하는 것이 아니라 합종연횡하고 있다. 세상을 종교와 종파로 단순히 구획 지을 수 없으며, 분쟁과 폭력을 단선적으로 종교로 환원할 수 없다. 이러한 사고는 오히려 문제의 실재를 보지 못하게 만들고, 그렇기 때문에 해법도 찾을 수 없도록 만들어 버린다.

한편 1990년 사담 후세인 군대를 몰아내기 위해 미 지상군이 사우디아라비아에 상륙한다. 아프가니스탄에서 5년간 반소 지하드에 투신했던 오사마 빈 라덴이 조국인 사우디아라비아로 복귀했을 때, 친미 사우디 왕가의 대응책은 그를 분노하게 만들었다. 이슬람의 창시자 무함마드는 아라비아 반도에 이교도의 접근이 불가능하게 하라고 했는데 사우디 왕가는 미군 군대를 거룩한 땅 사우디아라비아에 끌어들였다. 결국 그는 1992년 사우디를 떠나 수단으로 들어가서 반미 지하드를 준비한다. 그리고 10년이 되는 2001년에 9·11 사태가 터졌다.

2. 문명충돌론에 대한 비판적 평가

문명충돌이라는 화두는 1992년 미국기업연구소(American Enterprise Institute)에 있었던 헌팅턴의 강의에서 처음 등장한다. 그는 두 해 전 미국의 종교학자인 버나드 루이스의 책 이슬람 세계의 분노의 뿌리('The Roots of Muslim Rage')에서 사용된 문명충돌이라는 개념을 확대 적용하여 국제정치와 냉전 후 신 국제 질서를 설명했던 것이다. 버나드 루이스(Bernard Lewis)는 미국인 역사학자로서 중동정치에 있어서 조지 부시 대통령 등 여러 미국 정치인들의 정책 자문을 맡아 온 사람이며, 유대인 부모에게서 태어나 히브리어에 관심이 많았고, 아랍어, 터키어, 페르시아어 등을 공부하고 중동과 이슬람에 대한 수많은 저서를 출판한 학자이다. 버나드 루이스가 피력하는 무슬림의 분노의 뿌리는 서구에 대한 실망감과 좌절이다. 이슬람 세계가 서구에 문호를 개방 했던 초기에는 가난과 유약함과 낙후성 때문에 서구의 업적에 대한 존경과 수용 욕구를 가졌다. 그러나 서구적 경제 방식은 빈곤의 문제를 해결하지 못했고, 서구의 정치 제도는 독재를 강화 시켰으며, 서구의 상업적, 재정적, 산업적 방법이 엄청난 부를 창출했지만, 그 혜택은 서구화된 무슬림 소수와 동조자들에게만 돌아 가는 결과를 초래했다는 것이다. 그래서 무슬림들은 분노하고 근대론자들의 이교적 혁신을 내던지고 알라가 규정하는 샤리아로 돌아가는 것이 유일한 구원이라고 믿게 되었다는 것이다.[5] 따라서 지금의 갈등과 사건들은 "정부와 정책의 수준을 넘어가는 문명들의 충돌" 수준에서 일어나며, 유대-기독교 유산에 대항하는 고대 라이벌의 역사적인 반동이 전 세계적으로 확산 될 것이라고 예측했다.[6] 버나드 루이스의 요지는 서구 문명에서 이슬람 세계에 도입된 세속적 정치, 경제, 문화가 민주주의와 발전보다는 독재와 빈곤의 양극화로 나타났고, 그로 인해 무슬림의 분노가 서구 문명에 적대적으로 돌아섰으며, 그것이 유대-기독교 문명을 공격하는 방향으로 전세계적으로 확산된다는 것이다. 그렇기 때문에 서구 세계가 비합리적이고 반동적인 라이벌에 대항하여 똑같이 비합리적인 대응을 하지 말아야 한다고 주문한다.[7] 1990년에 이 중동 지역 전문가는 반서구주의를 표방하는 이슬람 사회운동 조직이 초국가적 네트워크로 확산되는 것을 목도했을 것이다. 1928년에 하산 알반나가 시작한 무슬림형제단은 1952년에 나세르와 힘을 합쳐 왕정을 종식시켰고, 이집트 정부의 탄압에도 팔레스타인, 시리아, 요르단, 사우디아라비아 등지로 무슬림 대중을 규합해 갔다. 무슬림형제단은 중간계급 소상인들과 지식인들 속으로 파고 들어 학교들과 금융계에서 뚜렷한 영향력을 확보했고, 강력한 야당으로, 팔레스타인에서는 하마스 당으로 또한 이슬람 금융의 전문집단으로 활동했으며, 아프가니스탄 지하드 전선에서 그들의 운동성 역시 놀라운 것이었다. 그러나 무슬림형제단은 이슬람 영성의 회복보다는 국가가 제대로 역할을 감당하지 못하는 영역에서 사회적 NGO 역할을 성공적으로 수행하면서 대중성을 얻었다. 이

---

5 Bernard Lewis, "The Roots of Muslim Rage," Atlantic Monthly, Vol. 266, No. 3 (Sep. 1990): 57-59.
6 Lewis, op. cit., 60.
7 Lewis, op. cit., 60.

슬람과 유대-기독교의 대립이 아니라, 중동 국가와 사회에 다층적으로 심화
되었던 모순 구조를 해결하는 사회운동으로서 무슬림형제단이 확산된 것이
다. 이러한 실천적 운동을 대중적으로 이끌어가는 이데올로기로서 이슬람
이 작용하는 것이지, 이슬람 종교 자체가 해답일 수 없다. 사회경제적인 문
제를 해결하지 못하는 이슬람은 대중의 외면을 받을 수밖에 없게 된다. 다시
말해서 비록 이슬람주의 운동이 마치 이슬람 문명화 현상으로 나타나는 것
같지만, 사실은 종교 이전에 정치·경제적인 모순 구조를 기저(infrastructure)
로 하고 있다는 말이다. 그런데 버나드 루이스는 기저층 구조의 폭발을 무슬
림의 분노로 규정하면서 서구 문명에 대한 저항으로 확산될 것이라고 전망
한다. 여기서 서구 문명의 중심은 물론 유대-기독교로 보고 있다. 그러나 이
것은 현실을 왜곡하는 것이다. 무슬림의 분노는 비록 전통적인 종교의 옷을
입고 있지만, 삶의 박탈에서 기인하는 현존 세계질서에 대한 투쟁이며, "사
회 계급, 부자와 가난한 자 혹은 다른 경제적으로 정의된 집단들 간에" 있는
것이지, "다른 문화적 권역에 속한 사람들 사이"가 본질적인 것이 아니다. 그
럼에도 불구하고 헌팅톤은 거꾸로 사회주의의 붕괴로 말미암아 마치 경제
적 모순은 더 이상 중요하지 않은 것처럼 말하면서, 앞으로는 "문화 혹은 문
명적 정체성들이 세계 정치와 신세계질서 형성의 결정적 변수가 될 것이고,
세계질서는 더 이상 이데올로기나 빈부의 투쟁이 아니며, 세계정치의 근본
적 균열은1세계와 3세계의 국가들의 갈등보다 문명들의 충돌"이 될 것이라
고 주장한다.[8]

　헌팅톤의 문명충돌론은 이렇게 세계 경제 체제 차원에서 형성되는 모순
을 은폐하고, 종교 간의 충돌로 환원시킨다. 혹자는 이를 서구 세계의 이슬
람 음모론이라고 규정한다. 즉, 헌팅톤의 문명충돌론은 냉전 후 신 국제 질
서를 재구성(Remaking)하는 미국이 우선 순위를 재정립하고, 전략적 우위

8　Samuel Huntington, *The Clash of Civilizations and the Remaking of World Order*(New York: Simon and Schuster, 1996), 20-21.

를 확보하기 위한 이데올로기라는 것이다.[9] 또 파키스탄 학자인 타히르 아쉬라프는 서구 문명 국가들 간의 더 큰 협력을 증진 시키고, 특히 북미와 유럽 대륙의 문명적 내부 갈등이 더 큰 사회적 갈등으로 증폭되는 것을 막기 위한 것이라고 주장한다.[10] 다시 말해서, 문명적인 차이들에 대한 전략적 남용과 서구 문명의 전략적 이익을 확보하기 위한 것이라는 것이다(17..16 Ahmet Davutoglu, "The Clash of Interests: An Explanation of World Disorder", Journal of Foreign Affairs, Dec 1997 to Feb.1998, Vol II, no.4)- 어떻게 각주를 달아야 할지 모르겠습니다. 아래 각주는 몇 쪽인지 모르는 채 제가 그냥 달아놓은 것입니다.[11] 신 국제 질서를 위협하는 치명적인 분쟁들이 문명들의 경계선(fault line), 특히 서구 문명과 비서구 문명(이슬람과 아시아) 사이에서 일어난다는 주장은, 한편으로는 서구 사회의 내적 결속을 강화하고, 서구 문명들에 반대하는 비서구 문명들 사이에는 적대감을 자극한다(Dabashi, 1990, p.11)-어떻게 각주를 달아야 할지 모르겠습니다. 해당 웹싸이트를 방문해 보니 109-145까지 페이지가 되어 있습니다.[12] 나아가 문명충돌론은 서구 세계의 내적 연합만을 지키기 위한 것이 아니라, 무슬림 국가들이 많은 테러리스트들 양산하고 민주주의 세력은 극소수이기 때문에 글로벌 시스템의 미래를 위해서 이슬람은 특별한 간섭을 받아야 한다는 인식을 조장한다.[13]

그러나 1945년부터 2001년까지 발생한 국제분쟁을 연구한 안드레이 투치시스니는 특별히 문명 간의 분쟁이 증가했다는 증거가 없으며, 문명적 지위와 분쟁의 지속성 간에 상관성 없다고 결론 내린다. 문명들보다는 오히려

---

9 Mahmood Monshipouri, Gina Petonito, "Constructing The Enemy in the Post-Cold War Era: The Flaws of the 'Islamic Conspiracy' Theory," *Journal of Church & State*, Vol. 37, No. 4 (1995): 773-792.

10 Ashraf Tahir, "The Clash of Civilizations? A Critique," *Pakistan Journal of Social Sciences* (PJSS), Vol. 32, No. 2 (2012): 521-527.

11 Ahmet Davutoglu, "The Clash of Interests: An Explanation of World Disorder," *Journal of Foreign Affairs*, Vol. II, No. 4 (Dec 1997): 17, (Feb.1998): 16.

12 Hamid Dabashi, "For the Last Time: Civilizations" *International Sociology Monthly*, (Sep. 1990), http://www.clagsborough.uk/forthelasttime.pdf.

13 Daniel Piper, *Militant Islam Reaches America*(New York: W.W.Norton, 2003), 20.

지정학적 인접성이 국가들 분쟁의 주요 변수라고 말하고 있다.[14] 또 다른 한 연구에서도, 문화적 영향력이 국제 분쟁의 경계선들이 된다는 증거가 없으며, 물명 충돌론은 과거를 잘못 기술하거나, 선택적으로 사례를 사용한 결과라는 것이 드러나기도 했다.[15]

에드워드 사이드는 문화로 사람들을 분리하고 분류하는 것은 잘못된 생각이라고 말한다. 문화와 문명은 상호 연관되어 있고, 순수한 단일 문명은 없으며, 문화와 문명은 상호 간에 보다 합종적(hybrid)이고 이질적(heterogeneous)인 특징을 갖고 있기 때문이라는 것이다(Said,1998).[16] 문명사를 연구했던 토인비 역시 세계의 흐름을 천 조각 퀼트 모양(pattern of a patchwork quilt)에서 다채로운 실크 천(texture of a piece of shot silk)으로 옮겨간다고 보았다.[17]

이론적 분석틀과 실천적 행동은 밀접히 결합되어 있다. 이론은 결코 실천과 분리될 수 없으며, 많은 경우 실천이 선행하고 이론이 후속적으로 구축된다. 그렇기 때문에 이론은 이미 결정된 실천을 과학의 이름으로 정당화 하고 다른 변수들을 배제시키는 이데올로기가 된다. 그런 차원에서 문명충돌론은 전형적인 미국과 서방세계의 국가적 이익을 대변하기 위한 것이고, 선악이라는 이원론적인 진영 논리에 기초한 사고로서, 타자를 비정상적이고 열등한 통제의 대상으로 삼는 신종 오리엔탈리즘이라 할 수 있다. 따라서 문명충돌론은 현대 폭력 사태와 분쟁의 현상을 설명하는 이론으로서는 적합하지 않으며, 거꾸로 어떻게 충돌을 유발하고 조직하는 이데올로기적 기제로 작동하는지 면밀히 주시해야 할 것이다.

---

14 Andrej Tusicisni, "Civilizational conflicts: More frequent, longer, and bloodier?," *Journal of Peace Research*, Vol. 41, No. 4 (2004): 485-498.

15 Bruce M. Russett, John R. Oneal, Michaelene Cox, *Journal of Peace Research*, Vol. 37, No. 5 (Sep. 2000): 583-608. http://links.jstor.org/sici?sici=0022-3433%282000 09%2937%3A5%3C583%3ACOCORA%3E2.0.CO%3B2-M.

16 Edward W Said, Professor Edward Said in Lecture: The Myth of the "Clash of Civilizations," *Northampton*, MA: Media Education Foundation, 1998 (videorecording).

17 A. Toynbee, *An Historian's Approach to Religion*(Oxford:Oxford University Press, 1956), 136.

III. 문명충돌론이 만든 결과들

1. 미국의 이라크 침공과 종파주의 전쟁

2003년 이라크 침공이 있기1년 전, 당시 미국 대통령 부시는 연두교서에서 이라크가 대량 살상 무기를 추구하고, 테러리즘을 지원하는 악의 축 국가 집단 중의 하나라고 선언한다.[18] 아버지 부시 대통령은 신 국제 질서를 선언하며 사담 후세인의 쿠웨이트 침공을 물리쳤다. 그러나 이라크 정권은 유지 되었고, 경제 봉쇄와 비행 금지 구역 설정 등으로 아들 부시 대통령 때까지 억제가운데 유지되고 있었다. 악의 축 발언을 통해 아들 부시 정부는 악한 지도자의 퇴출만이 새로운 민주주의 수립의 길이라고 선언했다. 9·11테러 이후 최초의 연두교서이기 때문에 테러에 대한 트라우마가 미국 사회 전반에 퍼져 있었겠지만, 부시의 연설은 의도적으로 이라크 상황을 문명충돌로 규정하고 있었다. 이라크는 이슬람의 수니와 시아 두 종파와 쿠르드 민족이라는 세 개의 이질적 단위로 구성되어 있다. 시아는 65%이고 수니는 대략 35%이며, 나머지 5%는 비무슬림인데 주로 앗시리아 기독교도들이다.[19] 민족적으로는 비아랍계로서 쿠르드인들이 인구의 15-20%이고 주로 북부지역, 터키와 이란의 국경 지역에 살고 있다. 부시 대통령이 문제를 삼았던 사담 후세인의 혐의는 1988년 쿠르드인 학살과 시아파 탄압이다. 대량 살상 무기와 테러리즘 지원은 애초에 증거가 희박했다. 2003년 이라크를 침공하여 단기간에 걸쳐 사담 후세인을 제거했지만, 미국은 결국 이라크에 대해 약속했던 민주주의 이식을 성공하지 못하고 종파 전쟁만 초래한 채 군대를 철수 시켰다. 부시 대통령의 참모들은 신보수주의자들(Neocons)로서 선과 악의 대결로 세상을 단순하게 구분하는 자들이었다. 그렇기 때문에 그들의 오

18 Gerry J. Gilmore, "Bush's 'Axis of Evil' Speech Put Iraq on Notice," http://www.defense.gov/news/newsarticle.aspx?id=31166.
19 The World Factbook, 22 (Jun. 2014): https://www.cia.gov/library/publications/the-world-factbook/geos/iz.html.

리엔탈리즘 사고 속에서 사담 후세인은 이라크 민중을 억압하는 사악한 독재자이며, 그를 제거하는 것이 중동의 평화와 이라크 민중의 해방과 구원을 이루는 해결책이었을 것이다. 그러나 부시 정권은 사담 후세인 이후의 이라크 재건과 민주주의 정착에 대한 치밀한 준비나 계획을 갖고 있지 않았다. 그들의 생각이 지나치게 단순한 것이었는지 아니면 선악 이데올로기를 가동시켜 의도적으로 이라크를 실패한 국가로 전락시키고 독점적 지배를 확고히 하려 한 것이었는지 분명치 않다. 중요한 것은 사담 후세인의 통치 기간 동안은 이라크가 지금처럼 종파 갈등으로 국가가 마비될 만큼 심각하지는 않았다는 것이다.

1950년대 이후 이라크 내 갈등의 주된 축은 수니파, 쿠르드족, 시아파 사이의 갈등이 아니었다.[20] 특히 1979년 사담 후세인이 집권하면서 이라크는 근대 국가의 기틀을 세우고 있었다. 한국의 근대화 과정에서 권위적 관료주의 체제가 문제 되기는 했지만, 미국에 의해서 사담 후세인처럼 제거되지는 않았다. 이라크는 1932년에 공식적으로 독립을 획득했지만 영국에게 군사기지와 석유사업권을 내어 준 상태였고, 지배 세력 또한 영국의 제국적 보호에 의존하고 있었다. 독립 후 지배 세력 내부의 갈등은 분파적 차이(시아파, 수니파, 쿠르드족, 아랍족, 유대족, 투르크멘족)가 아니라, 경제적 이해와 정치 권력을 둘러싸고 전개되었다. 그런데도 1958년 바트당 혁명 직전, 왕정 말기에 시아파는 경제적 지배력을 확보했고, 정부 각료직의 3분의 1 이상을 차지했고, 대지주 7명 가운데 6명은 시아파였다고 한다.[21] 1958년 군사 쿠데타를 통해 친 영국 성향의 왕정을 구축한 카심 장군은 영국이 설립한 이라크 석유회사(Iraq Petroleum Company)를 국유화하고 토지 개혁을 단행함으로 기존의 지배 세력을 공격했다. 그러자 1958년에 북부 지역에서 쿠르드 민족이 대항하여 일어났는데 이는 카심 장군의 토지개혁이 당시 쿠르드 지배 세력의 봉

---

20   Leo Panitch, Colin Leys, *Global flashpoints: reactions to imperialism and neoliberalism*(N.Y: Monthly Review Press, 2008), 152.

21   Panitch, *Global Flashpoints*, 148.

건영주적 지위를 허물어뜨리는 것이었기 때문이다. 따라서 이는 쿠르드 민족 종파주의가 아니라 경제적 이해 관계에서 비롯된 갈등의 성격이 강했다. 그리고 당시 지배 세력의 우위를 점하고 있었던 시아파 세력은 당연히 카심 정부에 반기를 들었다. 토지개혁은 그들에게 부족장이 누리는 수입을 줄게 하고, 모스크에 바치는 종교세 납부도 줄어들게 하기 때문이었다. 그렇게 되면 기존의 지배 세력을 형성하고 있었던 시아파는 점점 지위를 잃고, 교세도 줄어 들 수밖에 없었다.

결국 카심 정권은 1963년에 무너지고 바트당 체제가 들어선다. 바트당의 지지 기반은 중간 계층으로서 종파적, 민족적 차이를 뛰어넘는 광범위한 세력을 두고 있었다. 쿠르디스탄의 중간 계층과 민병대들도 바트당에 대거 참여했다. 바트당은 추가적인 토지개혁, 농민들의 도시 이주, 시아파 교단의 재산 몰수를 단행하였다. 그러자 시아파 기득권 세력들인 지주, 상인, 금융업자들은 이라크를 떠나 이란과 서방 세계로 옮겨가서 반정부 투쟁을 전개했다. 사담 후세인이 바트당의 최고위직으로서 정권을 장악한 이후에도 이라크는 종파 갈등이 사회의 전면에 부각되지 않았다. 1979년 이후 이라크는 이란의 호메이니 혁명을 막아내는 방파제 역할을 자임하면서 사우디아라비아와 미국의 지원을 전폭적으로 받았다. 호메이니의 시아 이슬람주의는 다분히 이라크의 종파 갈등을 유발할 가능성이 있었다. 바그다드 남부에서 이란 국경 지대는 시아 이슬람의 성지로서 순례객들의 발길이 끊이지 않았고, 인구의 대다수가 시아파 무슬림이었다. 사담 후세인은 이러한 위험성을 직감하고 이란과의 전쟁에 돌입했다. 미국과 사우디아라비아의 지원을 얻은 상태에서 혁명의 혼란에 빠진 이란을 상대하는 전쟁이 오래 갈 것이라고 생각하지 못했다. 그러나 전쟁은 8년 동안이나 지속되었고, 이란의 공세는 이라크 국경지대에까지 임박했으며, 페르시아만으로 수출하는 원유선박을 위협하는 단계까지 이르렀다. 미국이 생화학 무기를 제공하여 이란 군대에 막대한 인명 살상을 야기함으로써 전쟁은 끝났지만, 누적된 전쟁의 적자 상태에 빠진 이라크는 심각한 재정적 위기에 시달리게 된다. 전쟁 중에, 토지개혁에 저항했던 봉건 세력인 바르자니가 북부의 쿠르드 지역에 들어와 반정부 분리주의를 부추기자, 사담 후세인은 1988년 생화학 무기를 사용하여 수많은 쿠르드족을 학살한다. 사우디아라비아를 위시한 수니파 산유국을 대신하여 이란의 호메이니와 8년 동안 싸웠던 후세인은 전후 이라크 재건에 이들 나라들의 지원을 기대했다. 그러나 전쟁 중에 쿠웨이트를 포함한 산유국들이 이라크에 제공한 차관은 탕감되지 않았고, 이들 나라들이 원유 공급량을 줄이지 않음으로써, 공급 과잉으로 인해 이라크의 석유 수익 또한 막대한 손해를 입게 되었다. 1990년 이라크의 쿠웨이트 침공은 이러한 배경에서 감행된 것이며, 미국 또한 사담 후세인의 이러한 계획에 반대한다는 기색을 보이지 않았다. 그러나 결과적으로는 네오콘이 움직이는 부시 정부의 공격을 받게 되었고, 사담 후세인은 퇴각할 수밖에 없었다. 그리고 이어진 서방 세계의 경제 봉쇄 속에서 이라크의 상황은 갈수록 절대적 궁핍과 한계 상황으로 치닫게 된 다. 이러한 상황에서 사담 후세인은 위축되어 친위 세력을 중심으로 권력 유지에 집중할 수밖에 없었다. 뿐만 아니라 대외적으로 사담 후세인은 시아파 망명 기득권 세력의 도전에 직면하고 있었다. 1979년 사담 후세인이 집권한 이후에도 많은 반대파들이 미국과 유럽에서 시아파 집단을 중심으로 후세인 제거를 호시탐탐 노리고 있었던 것이다.

그런 와중에 9·11테러가 터졌고, 미국 부시 네오콘 정부는 이라크를 침공했다. 미국은 사담 후세인의 시아파 탄압과 쿠르드 차별 및 학살을 문제 삼았다. 즉 바트당은 수니파 정권으로서 시아파와 쿠르드족을 탄압했고, 특히 1988년에는 쿠르드족 5-10만 명을 학살하는 인종 청소를 저질렀고, 20만명 이상의 피난민을 만들었다는 것이다. 그러나 앞에서 언급한 대로 이것은 이라크 민족국가 건설 과정에 대한 미국의 조작적 이해이며 정보의 왜곡이 개입되어 있다. 미국은 사담 후세인을 제거한 후 시아파와 쿠르드 중심으로 전후 이라크 재건이 가능하다고 보았다. 그러나 사담 후세인의 바트당이 그나마 지탱하고 있던 이라크의 사회, 경제, 교육 체계는 완전히 해체되었고, 사담 후세인을 대체하는 새로운 정치 질서는 구축되지 않았다.

시아파와 쿠르드족이 권력을 장악하고 수니파가 배제되면서 종파 갈등은 이라크를 더욱 나락에 빠지게 만들었다. 수니파 저항 세력은 미국과 정부의 통제력을 약화시키기 위해서 민간인을 공격했고, 미국이 지지하는 새로운 지배 세력인 시아파와 북부 쿠르드에 대한 테러 공격도 그치지 않았다. 수니파 반정부 세력은 자신들의 거점지역인 남서부 수니 삼각지대에서 시아파를 몰아내고, 시아파 또한 반대로 자신들의 거점 지역에서 수니파를 쫓아냄으로써 이라크는 점점 종파 간 인구가 재배치되고 영토도 종파간의 차이를 기준으로 분리되어 갔다. 이라크의 정치는 시아파 말리키 대통령의 권력 독점과 독재로 종파 갈등이 증폭되었고, 이라크 국민들의 삶은 종파를 떠나 더욱 피폐해지고 최소한의 신체적 안전마저 위협을 당하는 지경에 이르고 말았다. 국가가 존재하나 더 이상 국민들의 안전과 생존을 보장하지 못하는 무정부 상태에 빠져들었다. 이러한 상황은 소련군 철수 후 직면한 아프가니스탄과 조금도 다를 바 없다. 중앙 정부가 붕괴된 후 아프가니스탄은 지역별로 무자헤딘 군벌들이 난립했고, 이러한 혼란은 1994년 무슬림 원리주의 집단인 탈레반 세력이 권력을 장악함으로써 일단락되었다. 그렇지만 탈레반의 아프가니스탄은 오사마 빈 라덴의 알카에다의 거점으로 전락하였고, 9·11 테러 이후 나토의 공격을 받게 된다. 게다가 아프가니스탄은 이라크와 달리 서방 세계가 필요로 하는 경제적 이권이 거의 없다. 당시 미국 부시 행정부는 아프가니스탄의 전후 국가 재건에 관심을 두지 않았으며, 서둘러 군대를 이라크 전쟁으로 이동시켜 사담 후세인을 제거하기에 바빴다.

그리고 나서 미국은 이라크의 풍부한 지하자원을 보다 용이하게 사용하고자 했던 침탈의 본색을 드러낸다. 2004년 미국 부시 행정부는 베어링포인트 회사에 의뢰하여 이라크 석유법안을 초안하고, 2007년 2월에는 현 이라크 집권 세력인 말리키 내각으로 하여금 이 법안을 승인토록 만들었다. 이것은 이라크에서 생산되는 석유의 개발과 수출, 수익금의 분배에 관한 법이다. 원래 이라크의 석유는 1972년에 국유화되었고, 사담 후세인 집권 동안은 러시아와 중국의 기업들과 생산배당협정(Production Share Agreements)을 통해 10% 이하의 이익 배당 조건으로 석유 개발권을 일부 넘겨줬다. 그런데 만일, 말리키 정부가 승인한 이 새 석유법이 이라크 의회에서 통과되면 이라크는 지금까지 개발된 유전 지대에 대해서만 이라크국영석유회사를 통해 개발권을 갖게 된다. 이렇게 되면 기존에 알려진 80개의 유전 지대 중 17개만 이라크국영석유회사가 개발하고 나머지 63개는 외국 기업이 개발하게 된다. 또 외국 기업이 석유 개발권을 30년 이상 가질 수 있게 하고, 생산분배 협정에 따라 외국자본은 생산물 판매대금을 투자 비용 회수에 우선 충당하고 이후에 발생하는 판매대금을 이라크 정부와 일정 비율로 분배하게 되어 있다.[22] 이 법안은 서방 석유 회사들로 하여금 지역 토호 세력과 결탁하여 이라크의 석유를 보다 쉽게 도둑질 하게 만드는 것이다. 그리고 중앙 정부보다 석유 매장 지역인 지방 정부가 자체적으로 외국 기업과 석유 배당 협정을 맺을 수 있게 됨으로 이라크의 국가적 분열이 더욱 가속화 될 것이며, 결과적으로 외국 기업의 유전 개발은 더욱 용이하게 될 것이다. 그렇게 되면, 석유가 집중 매장 되어 있는 북부 지역 쿠르디스탄과 바그다드 남부 시아파 지역은 큰 이익을 보게 되고, 석유가 거의 없는 수니파 거점 지역인 중서부 지역은 불리하게 된다.

테러와의 전쟁 그리고 민주주의 확산이라는 미사여구에 감춰진 미국의 의도가 바로 여기에 있는 것이 아니었을까? 이라크를 침공할 당시 미국은 종교 문명을 단위로 진영을 구분하고 알카에다와의 전쟁을 문명의 충돌로 공식화 하였다. 이라크를 시아, 수니, 쿠르드 집단의 진영 논리로 이해했다. 사담 후세인의 통치는 비록 권위주의 형태의 병폐를 안고 있었지만, 종파 간의 갈등이 국가를 테러와 폭력으로 갈라 놓지는 않았다. 후세인이 혁파 했던 것은 이라크 독립 후 형성된 시아파와 쿠르드족 상층 지배층의 기득권이었으며, 후세인에 반대했던 세력 또한 이들이었다. 그럼에도 당시 부시 대통령은 시아파 망명세력과 밀접한 관계를 유지하며, 이라크 개입을 위한 공조관계를 유지했다. 1991년 걸프 전쟁 이후 이라크의 시아파 망명자 집단은 네오콘과 밀접한 관계를 맺었고, 과장된 정보를 제공하며 미국 외교 정책을 후세인 제거 방향으로 유도했던 것이다.[23] 미국의 네오콘이 이데올로기적 수법으

22 Iraq oil law (2007), http://en.wikipedia.org/wiki/Iraq_oil_law_(2007).
23 이근욱, 『이라크 전쟁』(파주: 한울, 2011), 83-84.

로 사용했던 문명충돌론이 이라크에서는 종파간 충돌로 나타난 것이다. 사담 후세인의 바트당이 구축한 사회 통합 체계를 대안 없이 해체 시킨 미군은 이라크 상황을 종파적으로 인식함으로써 시아, 수니, 쿠르드족 사이에 종파 전쟁을 유발했고, 중앙 정부를 약화 시킴으로써 이라크의 석유 자원을 보다 쉽게 획득하도록 만든 것이다.

2. 이슬람 국가(Islamic State)의 문명충돌론

IS(Islamic State)의 모태는 2006년 알 자르카위가 죽으면서 알카에다가 재건한 ISI(Islamic State of Iraq)이다. 2003년에 미국이 이라크를 침공했을 때 오사마 빈 라덴에게 충성을 서약한 알 자르카위는 유일신과 지하드(Jamma'at al-Tawhid wa Jihad)를 결성하여 반미 지하드를 이끌어 갔다. 2004년 한국인 김선일 씨를 피살한 것도 바로 알 자르카위 조직이다. 2006년 알 자르카위가 미군에 의해서 사살된 후 ISI는 알카에다의 하부조직으로서 미미한 세력을 유지하고 있었다. 그런데 이러했던 ISI를 지금의 거대한 세력으로 키운 것은 이라크 서부의 시리아 내전이었다. 시리아는 시아파 소수 종파인 알라위파 대통령이 다수인 수니파 이슬람 국민들을 철권으로 통치하는 나라이다. 시리아 지배 세력은 일찍이 서방과의 관계를 단절하고 러시아와 이란의 군사적 경제적 지원을 바탕으로 자국의 무슬림 대중을 억압해 왔다. 소련 해체 후 중동에서 세력기반이 약해진 러시아는 시리아를 지원함으로 거점을 확보하려 했고, 국제적 고립으로 궁지에 몰린 이란은 레바논의 헤즈볼라와 시리아의 아사드 정권과 연대함으로 중동에서 미국과 이스라엘에 대항해 왔다. 그런데 최근 몇 년 사이에 일어난 중동 민주화 혁명으로 튀니지, 이집트의 독재 정권이 붕괴되었고, 시리아의 경우 참혹한 내전 상태로 난민들이 속출하고 만 명이 넘는 사망자가 생기고 있다. 서방 국가들은 아사드 정권을 반인류적 살인 정권으로 규정하고 반정부 이슬람 수니파 세력을 지원하였지만 좀처럼 시리아의 내전은 해결점을 찾지 못하고 있다. 그 이유는 러시아와 중국과 이란이 시리아의 아사드 정권을 지원하고 있는 가운데, 서방 국가들로서는 시리아에 대한 변변한 제재 카드도 없고 경제적으로도 큰 이해관계가 없기에 적극적으로 개입하지 않았기 때문이다. 그런데 시리아 동부 지역에 거점을 두고 있던 IS가 세력을 키워 이라크 중부의 수니파 지역을 장악하고 이라크의 북부 석유 매장지인 모술을 장악하더니 바그다드까지 위협하고 있다.

그렇다면 IS는 어떤 세력인가? 이것을 이해하기 위해서 먼저 시리아 정치를 이해할 필요가 있다. 시리아에서 알라위파 친사회주의 세력이 권력을 장악할 때 필연적으로 수니파 이슬람의 저항은 강해질 수밖에 없었다. 1954년에 이집트에서 무슬림형제단이 정부의 탄압으로 해체되면서 수많은 이슬람주의자들이 시리아로 망명했고, 이로써 시리아의 수니 이슬람은 반정부 운동의 탄력을 받아 거대한 힘을 키울 수 있었다. 그러나 1982년 시리아 정권은 수니파 이슬람 반정부 세력의 거점인 남부 도시 콤을 전투기까지 동원하면서 집단 살상했고, 이를 계기로 시리아 수니 무슬림은 크게 위축되었다. 그런데 2003년 이라크에 미군이 침략하면서 상황은 반전된다. 반미 지하드가 이라크에서 탄력을 받게 되자 수많은 시리아 수니파 무장세력들이 이라크 전선에 몰려 들었다. 시리아 정권의 입장에서도 자국의 무장투쟁 세력을 이라크로 보내는 이점이 있었고 동시에 미국의 이라크 지배를 막을 수 있다는 점에서 유리했다. 그런데 이것을 통해 시리아의 이슬람 무장 세력은 전투력을 키우고 세계 곳곳에서 몰려든 이슬람 전사들과 연대하는 경험을 축적하게 된다. 이는 마치 아프가니스탄에 소련이 침공했을 때 당시 서방과 중동 국가들이 자국의 과격 세력들을 반소 지하드 전선에 투입시킴으로 일시적으로는 사회 불만 세력을 몰아내는 효과를 보았지만, 나중에는 전투 실전 능력을 갖춘 글로벌 지하드 세력으로 부메랑이 되어 돌아온 것과 같다. 특별히 시리아가 2011년 내전 상태에 접어들자 이라크의 무장세력은 전선을 넓혀 시리아와 레바논 그리고 이라크 전체를 아우르는 칼리프 국가 건설을 노리게 되었다. 그리고 2011년에 미군이 이라크에서 철수하자, 이라크의 시아파 말리키 정권은 수니파 국민들을 끌어안지 않고 이란을 등에 업은 채 시아파 우선의 국가 건설을 추진했기 때문에 국가의 권위와 정통성은 더욱 약해질 수밖에 없었다. 이처럼 시리아와 이라크의 독재 정권이 파행을 거듭하자 국민의 다수인 수니파 지역에서 IS와 같은 세력이 국가 수립을 추진할 만큼 힘의 공백이 생기게 된 것이다.

과거 알카에다의 경우 비록 네트워크 형태의 글로벌 지하드를 감행 했지만 아프가니스탄과 같은 거점 지역이 필요 했다. 그러나 이들이 거점으로 삼았던 아프가니스탄은 산악 지역으로 알카에다 본부가 숨기에는 적합한 땅이지만 미국과 러시아와 중국의 힘들이 충돌하는 완충지인 데다가 석유나 가스와 같은 자생력 있는 돈줄을 확보하기는 어려운 곳이었다. 그래서 알카에다는 전 세계 무슬림의 재정 후원에 의존할 수밖에 없었고 이것도 미국의 은행 통제와 테러 자금 압박을 당하면서 어렵게 되었다. 그런데 IS는 시리아 동부의 석유 지대와 이라크 북부의 모술을 확보함으로 엄청난 규모의 경제적 자생력을 확보할 수 있었고, 국가의 장악력이 와해된 틈을 타서 군사시설을 점령함으로써 막강한 전투력도 갖추게 되었다.

과연 미국과 서방 국가들은 중동의 민주화 사태에 개입하면서 이러한 시나리오를 예견했을까? 아니면 IS가 예상치 못하게 갑자기 나타나서 소수 종파와 민족들, 여자와 어린이까지 무참히 학살하는 반인륜적 행태로 공분을 일으키는 문젯거리가 된 것일까? 그리고 IS는 왜 이토록 참혹하고 잔인한 인종 청소를 자행하고 또 미국인과 영국인 등을 잡아 공개 처형하는 행동을 하고 있는 것일까?

이러한 물음에 대한 답을 찾기 전에 먼저 IS와 관련하여 선뜻 이해가 가지 않는 것은 이들의 규모가 12,000명 정도의 소규모 세력이라는 것이다. 아무리 시리아와 이라크의 국가 통제력이 약하고 반정부적 국민 정서에서 이들이 세력기반을 단시간에 넓혔다고 하더라도 이 숫자 만으로 이슬람 칼리프 국가를 선포하고 국제사회가 이들 때문에 쩔쩔매지 못하는 상황에 처해 있다는 것은 쉽게 설명이 되지 않는다.

국제정치를 이해할 때 가장 중요한 변수는 결국 세계 주요 국가들의 이해관계를 검토하는 것이다. 특히 거대한 석유와 가스 매장지인 중동 지역의 경우 국제 사회의 강대국들의 이해 충돌과 경쟁은 당연히 지역 문제를 이해하는 핵심 변수이다. 이라크의 경우 2011년 미군 철수 이후 시아파, 수니파 그리고 북부의 쿠르드 지역이 연방제 형태로 민주적 정치 사회 질서를 구축하는데 실패했다. 이라크의 석유 자원은 대부분 시아파가 장악하고 있는 바그다드 중심의 남부 지역과 쿠르드인들이 살고 있는 북부 지역에 있다. 이런 상태에서 중간 지대에 주로 살고 있는 수니파 무슬림 다수는 소외될 수밖에 없다. 이라크의 시아파 말리키 정권이 민주화를 외면하고 수니파를 배제하는 한 더욱 더 수니파 대중의 불만과 저항은 커질 수밖에 없다. 그런데 중간 지대에는 바로 유럽 등지로 이라크 남부의 석유가 수출되는 파이프 라인들이 있다. 시리아와 터키를 통해 수출되는 파이프 라인의 안정성이 확보되지 않는 한 이라크의 석유는 세계 시장에 충분히 공급될 수 없는 상황이다. 게다가 이라크는 수니파와 시아파 그리고 기독교도와 야지드(조로아스터교)와 같은 소수 종파들이 혼재된 상태로 거주하고 있다. 사담 후세인 이후 수많은 전쟁과 종파적 갈등에도 불구하고 여전히 이라크 북부의 모술과 키르쿠크와 같은 석유 지대에는 쿠르드인과 수니파들이 공존하여 살고 있고, 남부 이라크에도 20% 정도의 수니파들이 시아파 다수 주민들과 섞여 살고 있다.

IS가 시아파와 기독교도와 야지드족 사람들까지 학살하는 반인륜적 행태를 자행하는 이유는 일종의 종교 정화이다. 즉 시리아 동부와 이라크 중부 지역에 순수한 수니파 이슬람 칼리프 국가를 건설해야 하기에 이러한 공포 정치를 통해 비수니파 종파들을 제거하려는 것이다. 이슬람주의는 순수 이슬람의 회복을 이데올로기적인 중심 사상으로 여긴다. "알라 이외에는 다른 신이 없다."고 고백하는 신앙고백(샤하다)에 잘 나타나 있는 타우히드 사상은, 알라 이외의 다른 가치는 모두 우상숭배이며 그것을 추종하는 자들은 모두 변절자(카피르)로서 죽임을 당해야 한다고 믿는 것이다. 따라서 수니파 극단주의 이슬람을 정통으로 믿는 그들에게 비동조자와 시아파, 기독교 등은 모두 변절자 제거 사상에 따라 모두 인종 청소의 대상이 된다. 본래 이슬람의 지하드 신학은 전쟁의 때와 전쟁터에서 불신자를 만났을 때 사로잡고 포위하고 죽이는 것이다. 따라서 미국과 같이 군대를 투입한 국가는 방어적 지하드 차원에서 전쟁 상대국이 되며 그 상대국의 정치 지도자를 선출한 국민들도 지하드의 대상이 된다. 미국, 영국, 프랑스 등 서방 세계와 전쟁 상태에 돌입한 국가들 출신 사람들이 지금 이라크에서 죽임을 당하는 이유가 바로 여기에 있다. 그런데 IS와 같이 극단적인 이슬람주의는 이슬람칼리프 국가 건설에 동조하지 않거나 방해가 되면 자국의 무슬림까지도 지하드 대상으로 삼는다. 이슬람 지하드에서 여성과 아이들과 노인들은 전쟁과 깊은 연관이 없으면 죽이지 않는데 IS는 순수 수니파 칼리프 국가 건설을 내세우며 이러한 반인류적 죄악을 저지르고 있는 것이다.

그런데 IS가 이러한 인종 청소를 통해 시리아 동부와 이라크 중부 지대를 묶어 수니파 이슬람 칼리프 국가를 건설하게 되면 지정학적으로 관련 국가와 세력들 중에 누가 덕을 보고 손해가 되는지 따져볼 필요가 있다.

먼저 이라크 북부의 쿠르드 세력을 살펴보자. IS가 모술을 장악하고 이라크 정부군을 몰아내자 북부 쿠르드 자치정부 군대는 키르쿠크를 접수했다. 쿠르드 자치 정부는 그 동안 중앙 정부의 견제와 수니파 무장 세력의 테러 때문에 얻지 못했던 석유 매장지인 키르쿠크를 이번에 장악한 것이다. 터키로서는 이라크 북부의 쿠르드 지역에서 생산되는 석유를 안정적으로 공급 받는 것이 중요한 국가 이익이다. 러시아로부터 수입하는 석유에 종속되어 있는 터키 정부로서는 이라크 북부의 쿠르드 지역에서 생산되는 석유를 얻을 수 있다는 점이 큰 이익이다. 게다가 미군이 북부 이라크 석유 매장지로 접근하던 IS를 전투기로 폭격하고 있고 쿠르드 자치정부의 군사 방어력이 강하기 때문에 결국 북부 쿠르드의 석유 자원은 터키와 서방국가에 안정적으로 확보되는 것이다.

이라크 남부 지역에 살고 있는 수니파 역시, 시아, 수니 간에 종파 갈등이 심화되고 중부 지역에 수니파 칼리프 국가가 세워지면 수니파들이 대규모로 빠져나갈 것이고, 결국 남부는 시아파 중심으로 안정화 될 것이다. 그러면 이라크 남부에 집중 매장된 석유 자원의 생산과 공급 또한 안정적으로 확보가 가능하다.

이란의 경우 미국과 핵 문제로 갈등을 겪고 있는데, 이라크에서 IS가 바그다드 인근까지 진격해 오자 미국 입장에서는 이란의 협력을 받지 못하면 대응이 어렵게 되었다. IS 때문에 미국과 이란은 갈수록 협력할 수밖에 없어진 것이다. 이란의 입장에서도 IS 덕분에 미국의 핵 압박을 완화시킬 수 있고 이란 남부의 시아파 정권을 강화시킴으로 지역적 헤게모니(어떤 집단을 주도할 수 있는 권력이나 지위)를 확보할 수 있다. 이란은 그 동안 눈치를 보며 이라크의 시아파 말리키 정권을 돕고 있었는데 IS의 공격 위협으로 인해 이제는 보다 과감하게 무기를 공급하고 있고, 이란의 시아파 청년들도 IS로부터 시아파 성지를 지키고자 이라크 전선에 지원병들이 급증하고 있다.

러시아의 경우, 우크라이나 사태로 서방 국가들의 제제와 불만이 가중되고 있는데 시리아의 아사드 정권과 이라크의 말리키 정권을 지원함으로 IS 세력을 통제하는데 힘을 보태고 있다. 이로써 서방 국가들의 시선을 돌리고 시리아와 이라크에서 세력거점을 보다 확고히 할 수 있는 기회를 엿보고 있다.

미국과 이집트 등 중동국가 입장에서도, 시리아에서 아사드 정권 축출이 어렵기 때문에 IS를 통해 아사드 정권을 약화시킬 수 있고 시리아 서부의 온건한 이슬람 세력을 지원할 수 있다는 측면에서 이점을 갖는다. 그리고 이라크 남부와 북부로부터 석유 자산을 안정적으로 공급하기 위해서는 IS를 활용하여 복잡한 이라크의 종족 거주 분포를 변동시키고 수니파 과격 테러 세력을 시리아 동부와 이라크 남부 지대로 봉쇄하는 것이 유리하다.

터키의 경우 북부 이라크의 쿠르드 세력과 연대를 잘 맺고 있기 때문에 석유 공급과 유통 마진을 얻는 것이 용이하고, 또 자국의 쿠르드인들이 북부 이라크로 안정적으로 이주하여 쿠르드 자치정부의 통제 하에 있게 되면 터키 동부 지역에서의 쿠르드 문제를 보다 더 잘 관리할 수 있다. 시리아의 아사드 정권 입장에서도 시리아 동부와 이라크 중부의 IS 세력을 견제하기 위해 미국과 서방 국가들이 협조를 구해야 하는 상황이기 때문에 압박은 보다 완화 될 것이다.

이렇게 본다면 IS를 통해 소수 종파와 힘 없는 사람들만 사활의 코너에 몰려 있고 주변 국가들과 세계 열강들은 나름대로 잇속을 챙기고 있는 것이다. 따라서 IS는 시리아 동부와 이라크 중부 지역에 한정하여 세력 거점을 범위

를 넓히지 않는 한 준국가적인 상태로 지속 가능할 가능성이 크다. 반면 알
카에다는 9·11 테러 이후 쫓기는 신세가 되었고, IS와 같은 새로운 세력으로
대체되는 시기를 맞고 있다. 그런데 IS는 먼 거리에 있는 적인 미국을 타격
하지 않고 근거리에 있는 시아파 세력을 공격함으로 칼리프 국가 건설이라
는 방향으로 전략을 분명히 했다. 이슬람의 창시자 무함마드가 추구했던 것
은 아라비아 반도를 순전한 무슬림의 땅으로 구축하는 것이었다. 메디나에
서 한참 무슬림 공동체를 키워 가던 무함마드는 메카의 다신교 세력이 언제
든지 침략할 수 있다는 위협에 직면하고 있었다. 메디나에는 3개의 유대인
부족들이 아랍 부족과 긴장 관계 속에서 언제든지 메카의 반이슬람 세력과
결탁할 가능성이 있었다. 그래서 무함마드는 이슬람 혁명의 완성을 위해 내
부의 잠재적 적대 세력을 진멸함으로 내적 통일성을 굳건하게 만들었다. 무
함마드는 동로마제국의 수도 콘스탄티노플에 공격을 가할 생각은 하지 않
았다. 반면에 오사마 빈 라덴은 원거리의 주적인 미국을 공격하지 않으면 하
부 세력인 근거리 적을 타격하는 것이 큰 의미가 없다고 봤다. 그러나 IS는
알카에다의 방식대로 미국을 타격하는 충격 요법이 별 효과가 없다는 것을
배웠을 것이다. 글로벌 자본주의 체계는 붕괴되지 않았고, 수많은 무슬림 민
중들이 알카에다를 지지하며 혁명 투쟁을 일으키지도 않았으며, 반대로 알
카에다는 재정의 봉쇄와 지도급 인사들의 소탕으로 명맥 유지가 어려워졌
다는 것을 경험으로 알게 된 것이다.

  알 자르카위는 2003년 이라크 전쟁에서 바그다드 주재 유엔본부를 트럭
폭탄으로 타격한 것만 아니라 시아파 최고 성지인 이맘 알리 모스크도 공격
하여 시아파 125명을 살해한다. 빈 라덴은 알 자르카위의 수니파, 시아파 갈
등 전략에 찬성하지 않았다. 그러나 종파 집단의 구분에 입각한 미국의 재건
계획 하에서 이라크는 갈수록 종파 충돌로 빠질 수밖에 없었으며, 이를 방치
할 경우 시아파 세력이 과거 사담 후세인처럼 이라크 전역을 지배하게 될 공
산이 컸다. 그렇게 되면 가장 위기를 느끼는 것은 사우디아라비아이다. 이라
크가 시아파 통치 국가가 되면 이란의 힘이 너무 커지고, 시리아와 레바논을
잇는 시아 벨트가 강화될 것이며, 여기에 중국과 러시아가 우회적으로 돕는

다면 사우디아라비아로서는 최악의 상황을 맞게 될 것이다. 이런 종파 갈등의 국면을 파악한 알 자르카위는 시아파에 대해서 줄기차게 테러 공격을 감행했고 사우디아라비아로부터 막대한 지원을 받을 수 있었다. 그러나 2006년에 사망함으로 이러한 수니파 칼리프 국가 건설의 과제는 2014년에 알 바그다디라는 새로운 인물에게 맡겨진다.

그런데 IS가 벌이는 종파 전쟁은 단순히 시아파와 쿠르드에 대한 적대적 행위가 아니다. IS가 제기하는 것은 진정한 이슬람이 무엇인가에 대한 도전적 아젠다이다. 문명충돌론이 서방 세계의 다양한 이해관계를 외부의 적대적 문명을 상정함으로 내적 통합을 강요했듯이, IS는 이슬람의 보편적 법인 샤리아를 내세움으로써 누가 이슬람의 적통인지 겨루어보자는 것이다. 순수한 이슬람 그리고 비타협적 샤리아의 길에서 한참 이탈된 상태에 있는 것이 시아파이고, 민족주의에 사로 잡힌 쿠르드족이 아니냐는 것이다. 시아파는 무함마드의 사위 알리의 가문에 태어나는 이맘들 만이 쿠란의 숨겨진 신비한 뜻을 알 수 있다는 이단적 사상을 믿는 세력이니 정통 이슬람이라 할 수 없다고 보는 것이다. 쿠르드 민족주의는 이슬람이라는 보편주의를 따르지 않고 이슬람 이전의 종족주의에 회귀한 상태에 있다고 보고 있다. 따라서 IS의 사고 속에는 종파 갈등이나 종파주의가 아니라 이슬람 보편주의를 실현한다는 신념이 강하게 자리잡고 있다. 이것은 헌팅턴의 문명충돌론을 뒤집어 놓은 것이다. 서구 문명에 결탁하여 이슬람을 배신하고 있는 사우디아라비아를 포함한 중동 산유국들부터 이슬람 칼리프 통치 국가를 만드는 목표를 실현하기 위해 그들은 누가 진정한 이슬람인지를 종교적 이데올로기를 전면에 내세울 필요가 있다. 서구 중심주의에 맞서는 이슬람 중심주의가 적대적 공생 관계로 짝패를 이루며 거대한 몸집을 키우고 있는 것이다. 오스만 제국이 해체된 후 서구 제국주의 국가들이 설정한 국경선 자체를 무효화하고, 그렇게 건설된 기존의 민족국가 모델을 전복하고, 무함마드와 초기 칼리프들의 전설적인 영토 팽창의 신화를 재현하고자 하는 것이 IS이다. 인터넷에 영어, 러시아어, 프랑스어, 네덜란드어로 동시 번역된 이들의 행동 선언문에는 IS의 신조들이 그대로 나타나 있다(This is the Promise of Allah).

"이슬람 이전의 아랍인의 상태는 이러했다. 그들은 갈등 속에 있었고 갈라져 있었다. 그들은 흩어져 있었고 싸우며 서로의 목을 치며 기근과 단합의 부재를 겪으며, 서로를 포로 삼는 생활을 했다. 그때 알라가 이슬람으로 그들을 축복했고, 그들은 믿었으며, 알라는 그들을 연합하게 했고, 수치 다음에 영예를 안겨 주었고, 기근 다음에 풍요롭게 했고, 그들의 마음이 함께 하게 만들었고, 이 모든 것이 이슬람을 통해 이뤄졌다. 따라서 알라의 은혜로 그들은 형제가 되었다. 그러나 이제 때가 왔다. 불명예의 바다에 빠져 있었고, 수치의 우유를 먹고 자랐으며, 사악한 폭력에 지배당했으며, 무시의 어둠에 오래 잠들어 있었던 세대들이 이제 깨어날 시간이 왔다. 지금, 무함마드의 움마를 위한 때가 도래했고, 잠에서 깨어나게 하고, 불명예의 옷을 벗기고, 창피와 수치의 먼지를 털어내는 시대이며, 한탄과 애통이 떠나가고 명예의 동이 새롭게 트고 있다. 지하드의 태양이 떠 올랐다. 여기 이슬람 국가의 국기, 타우히드의 깃발이 올랐고 펄럭이고 있다. 이 깃발은 알레포(역주: 시리아 북부의 도시)로부터 디얄라(역주: 바그다드 북동쪽에 위치하고 있고 동쪽으로는 이란과 국경을 접한 지역)까지 덮을 것이다. 변절자들은 수치를 겪을 것이며, 이단(bid'ah)은 창피를 당할 것이다."

게다가 알 바그다디는 이전의 지도자와 달리 바그다드 대학교에서 이슬람 연구로 학위를 받아 이슬람 교리 해석에 권위를 확보하고 있으며, 이슬람의 창시자 무함마드의 직계 후손으로 소개되고 있다. 빈 라덴의 스승으로 알려진 아프간 탈레반의 거물이자 무장조직 무크타브 알 카다마트의 창립자 아잠을 제외하면 현대 지하드 전사 누구도 알 바그다디처럼 이슬람 교리를 공식적으로 학습한 인물은 없다.[24] 그리고 외부에 비쳐지는 것과 달리, IS 내부는 테러와 폭력과 전쟁의 소용돌이 속에 있지 않다. 반대로 IS는 국가와 유사한 사회 질서를 구축하고 있다. 정상적으로 세금이 징수되며 치안이 유

---

24 Loretta Napoleoni, 『이슬람 불사조』, 노만수, 정태영 역(파주: 글항아리, 2015), 39.

지되고 있고, 교육과 주택 상황도 개선되고 있다. 탈레반과 달리 IS는 적극적인 칼리프 국가 건설을 추진하고 있으며 수니파 민중들의 삶은 폭풍의 눈 속에 들어온 것처럼 고요한 일상을 점차 회복해가고 있다. 1980년부터 8년 동안 이란과 전쟁에 시달리고, 서방 세계의 경제 봉쇄로 궁핍해졌고, 2003년 미국의 침략으로 만신창이가 된 이라크 땅에서 수니파 민중들에게 IS는 이슬람적 국가 질서의 면모를 나타내 보이고자 한다. 게다가 IS는 가입이 쉽다. 서방의 지하디스트 지망자들이 시리아의 아사드 정권에 저항하는 알카에다 조직에 가담하는 것은 쉽지 않았다. 첩자가 아닌지 경계했기 때문에 가담자들은 의심을 받았다. 그러나 IS는 누구든 가입이 가능하게 함으로써 전 세계 동조자들의 갈채를 받았고, 시아파 세력의 확장을 경계하는 터키와 사우디아라비아의 도움을 받아서 입국도 쉬웠다.

이제까지의 논의를 정리해 보면, 9·11 테러에서 IS에 이르기까지, 미국의 문명충돌론과 이슬람 진영의 대항적 문명충돌론이 적대적 공생 관계를 형성하며 국제사회의 각종 분쟁과 폭력의 마차는 이끌고 있다 할 수 있다. 두 진영의 논리가 충돌하면서도 서로의 존재에 정당성을 부여하고 이데올로기적 생존력을 유지하고 있는 것이다. 그러나 속을 들여다보면 서구 문명과 이슬람 문명이 충돌하는 것이 아니라 세계 금융 자본주의 시스템의 모순이 폭발하고 있다는 사실을 알 수 있다. 헌팅톤이 종결되었다고 선언했던 글로벌 차원에서의 사회 경제적 갈등과 대립이 여전히 현시대 폭력과 분쟁의 중심에 놓여 있다는 것을 명심하면서, 종교와 문명의 충돌로 몰아가는 이들의 지배적 담론에 제동을 걸어야 한다. 그렇다면 어떻게 현 시대 폭력의 문제를 이해해야 하고 어디서 대응책을 찾고 위험을 관리해 갈 수 있을까?

IV. 글로벌 금융 자본주의 체제와 중동

1. 세계 경제 체제적 분석의 필요성

2011년 1월 '자스민 혁명'으로 알려진 튀지니를 시작으로 전 중동-북아프리카(Middle East and North Africa, MENA) 지역을 몰아치고 있는 반정부 시위는 이집트에서 호스니 무바라크 정권을 타도했고, 리비아, 알제리, 모로코, 예멘, 요르단, 바레인, 시리아 등 다수의 국가들로 확산되어 시위와 내전 그리고 유혈사태로까지 번지고 있다. 국가들마다 반정부 시위의 양상과 전개 과정이 동일한 것은 아니었지만 이슬람권에서 시민혁명이 밑에서부터 확산되는 현상은 흔히 예견될 수 있었던 일은 아니었다. 2004년 그루지아의 '장미혁명', 우크라이나의 '오렌지혁명'과 같이 반권위주의 체제를 붕괴시켰던 시민운동이 이슬람 국가들로까지 확산되지는 않았다. 우즈베키스탄은 안디잔에서 발생했던 반정부 시위에 군을 투입하여 무참히 학살했고, NGO 단체들을 추방함으로 권위주의 체제를 더욱 굳건히 수호했다. 이슬람 국가에서의 실질적 민주화가 불러올 결과를 두고 러시아와 미국의 입장은 양 극단으로 갈렸다. 러시아는 이슬람권의 민주화가 이슬람주의 세력의 합법적 정권 장악으로 이어지는 자충수가 될 것이라고 보았고, 반면에 미국은 권위주의 정부의 변화가 진행되지 않는다면 이란과 같은 이슬람민중 폭발이 일어날 것이라고 보았다. 당시 미국은 이라크 침공의 명분을 찾기 위해 대량살상 무기의 증거를 대신할 독재정권 타도(regime change)에 지구촌의 민주화라는 소프트 파워가 필요했고, 러시아 입장에선 친미 성향의 국가들이 이슬람권 안에 확산되는 것이 염려였다. 결국 미국은 독일의 이해가 걸려 있는 중부유럽과 석유 에너지가 매장되어 있는 중동 국가들에 대해서는 적극적으로 개입했으면서도, 이해 관계에서 우선권에 뒤지는 국가들에 대해서는 현실주의 입장을 취해 권위주의 정권과 공생의 길을 취했다. 그렇지만 미국은 튀니지 사태가 있기 전부터 중동-북아프리카 지역의 권위주의 정권의 지속성에 대해서 모종의 특별 개입이 필요하다는 인식은 하고 있었던 것 같다.

기존 정치 세력의 근간은 그대로 두면서 노쇠한 지배 엘리트를 교체하는 수준에서 사태가 진전되길 원했던 것이다. 비록 이슬람 사회에서 반이스라엘, 반미 정서는 수 십 년 지속되어온 고질적인 것이었지만, 군부를 중심으로 사회 통제력을 그나마 안정적으로 유지해 왔다고 볼 수 있고, 이에 저항하는 이슬람무장 조직에 대해서도 끊임없이 개입해 왔다. 결국 튀니지와 이집트의 경우, 지배 엘리트 교체라는 빙산의 일각을 바꿈으로써 국민저항의 불길을 끌 수 있었다. 그런데 반권위주의 투쟁의 양상을 크게 분류해 보면 튀니지, 이집트 그리고 리비아, 예멘, 시리아 등의 국가들에서는 반정부 시위가 민주화 운동과 정권 타도 성격을 띠고 있었고, 반면 오만, 모로코, 요르단, 쿠웨이트 등지에서는 정권 교체보다는 정치·경제의 개혁 촉구를 위한 시민운동으로 일련의 반정부 시위가 전개되고 있음을 알 수 있다.

MENA 지역에서의 반정부 시위를 보면서 한국내의 시선을 돌아보면, 이슬람지역에서 민주주의가 가능한가라는 다소 서구 중심적인 세계관에 기초한 선입견을 뒤흔드는 충격적인 사건으로 인식되기도 했고, SNS의 위력이 권위주의 정부를 위협하는 새로운 민주주의 운동의 동력으로 주목 받기도 했다. 그렇지만 반권위주의 정권의 몰락과 약화가 결국 이슬람권에서의 급진적 이슬람주의 세력의 확산을 불러올 것이고, 이것은 국제사회에 엄청난 파장을 몰고 올 것이라는 우려 또한 나오고 있다. 실재로 독재권력이 와해되면서 미국이 구축해 온 반테러 네트워크가 붕괴 되었고, 미국은 새로운 정치 세력과 더불어 친미 반테러 연대를 구축할 수밖에 없을 것이다. 이집트의 경우만 해도 1928년 하산 알바나에 의해 시작된 무슬림형제단이 정치적인 자유를 획득하게 된다면, 앞으로 이슬람주의 세력은 아무런 장애 없이 사회의 이슬람화 아젠다를 실천에 옮길 것이다. 물론 무슬림형제단이 당장 이집트 사회를 장악하고 이란이나 아프가니스탄처럼 샤리아에 근거한 이슬람국가를 수립할 가능성은 크지 않다. 그렇지만 독재 정권에 의해서 극심한 탄압과 제약을 받아온 이슬람 섹터가 자유화되면서 정치와 사회, 경제 영역에서 영향력을 확대할 것이라는 것은 너무도 명백하다. 반 무바라크 시위의 현장에선 이집트 인구의 10% 정도를 구성하고 있는 콥트 계열의 기독교도들이 무슬림들과 하나가 되어 단일 대오로 움직였지만, 무바라크 이후에는 이슬람 세력과의 충돌과 갈등을 피하기 어려울 것이다. 독재 치하에서 콥트 교회는 세속주의, 권위주의 정권을 지지하는 선택을 통해 생존전략을 찾아왔기 때문에 더욱 더 민주화된 환경에서 세력 충돌은 첨예화될 가능성이 크다. MENA 지역이 시민혁명 이후로 지속적으로 변화와 발전의 길을 걸을 것인지, 아니면 걷잡을 수 없는 혼란과 이슬람세력 강화의 경향으로 갈 것인지가 중요한 관심이 되고 있다. 그러나 이런 문제를 이슬람이라는 문명적 차원에 제한된 시각으로 이해하는 것은 치명적인 오류를 범하는 것이다. 이슬람의 요소가 특수한 변수로 작용할 수는 있지만 모든 문제에 영향을 미치는 결정적인 변수로 보는 것은 맞지 않다. 이처럼 이슬람권의 정치변동을 단순하게 이슬람의 문제로 국한하여 바라보는 것은 또 하나의 오리엔탈리즘이다.

한국에서 논의되는 중동민주화 사태에 대한 담론들을 살펴보면 초기에 특히 이슬람에 대한 무지와 각성의 차원에서 이 문제를 접근하는 경우가 많았다. 다시 말해서 이슬람권 전문가가 많지 않다느니, 중동 민주주의는 서유럽의 프랑스 혁명에 버금가는 엄청난 지각변동을 불러올 시대적 사건이니 하는 침소봉대가 전문가들 그룹에 나타났고, 이들은 과거 한국의 반독재 민주화 시위에 대한 추억에 경도되어 중동의 사태를 직시하는 객관성을 잃고 독재권력에 대한 분노와 민중의 승리라며 반겼다. 그러나 문제의 핵심은 경제이다. 이슬람 지역에도 시민 혁명이 가능하고 민주적 선거를 통해 민간 세력이 권력을 잡을 수 있다는 것에 놀라는 것은 그만큼 오리엔탈리즘의 뿌리가 깊다는 것이다. 비서구권은 민주주의가 제대로 자랄 수 없다는 인식 그리고 이슬람은 종교 문명적으로 신정체제이며 민주주의보다 전체주의가 더 종교적 DNA에 맞는다는 사고 자체가 오리엔탈리즘이다. 중동 시민혁명으로 인해 이슬람주의가 권력을 장악하게 되면 세계는 지하드 테러리즘의 연쇄에 빠져 극심한 혼란에 빠질 것이라는 우려 또한 문명충돌론적 사고이다. 서구나 비서구를 막론하고 모든 문명권의 어느 나라 민중들이라도 생존을 위협하는 빈곤과 박탈 그리고 부조리와 억압이 가해진다면 그렇게 만드는 체제에 대해 저항할 것이다. 이러한 보편적 현상을 문명충돌론이라는 오리엔탈리즘적 진영 논리로 단순화 시킬 수 없다. 따라서 글로벌 체제 수준의 분석이 이루어져야 문제의 핵심이 제대로 파악될 수 있는 것이다.

2. 중동-북아프리카 사태의 배경

MENA 지역은 세계에서 가장 식량에 대한 수입 의존도가 높은 곳이며, 앞으로도 식량 수입 규모가 더욱 늘어날 전망이다. 2000-2002년 사이 MENA 국가들의 식량 총수입 규모는 전체 국가수입의 25-50%를 차지하고 있다. 이러한 높은 식량 의존성은 수요와 공급 차원에서 그 요인을 찾을 수 있는데, 수요 차원에서는 높은 인구성장률과 경제성장에 따른 소비패턴의 변화를 들 수 있고, 공급 차원에서는 토지와 수자원의 부족에 원인이 있다. MENA의 인구는 1960년 1억에서 2006년 3억으로 증가했으며 매년 1.7%의 규모로 늘고 있다. 그리고 한 국가의 식량 안보의 수준을 평가하는 지표로서 긴요한 것이 수출 총량 대비 식량 수입량 규모인데,[25] 이는 식량 수입에 필요한 재정을 충분히 확보할 수 있을 정도로 재화와 용역의 수출이 많다면 그만큼 식량 안보의 수준이 높다는 의미이다. 이런 총수출/식량수입 지표는 한 국가의 수입량 수요와 수출역량을 포착할 수 있는 장점이 있다. 지수가 높을수록 식량 안보의 수준이 그만큼 안정적이라는 것을 의미하는데, 178개국의 평균 지수를 산정해 보면 평균이 11.3으로 수출 수입의 8.5%를 식량 수입에 할당한다는 것을 시사한다.[26] MENA 지역은 식량 수입에 11.5%의 재정 수입을 쓰고 있고, 쿠웨이트, 아랍에미레이트, 리비아, 알제리를 제외하고는 세계 평균 이하로서 식량 안보가 심각한 도전에 직면해 있음을 시사한다. 이런 상황에서 2007-2009년의 식품 및 석유 가격의 급등은 식량 안

25 Diaz-Bonilla, "Trade liberalization, WTO and food, security," Trade and Macroeconomics Division Discussion Paper No. 82 (Washington D.C: International Food Policy Research Institute, 2002).

26 Food Security and Economic Development in the Middle East and North Africa, (International Food Policy Research Institute, 2010), 4.

전의 취약성을 그대로 노출 시켰고, 이것이 반정부 시위를 촉발한 가장 직접적인 원인이 되었다. 더욱이 이 지역 수출 수익의 70%는 석유에서 온다는 것을 감안할 경우 식량 안보는 유가의 출렁임에 직접적인 관련을 맺고 있음을 알 수 있다. 리비아와 알제리는 산유국이기 때문에 수출량 자체가 많다는 것을 감안하면 전반적으로 식량 안보에 치명적인 약점을 내포하고 있다고 볼 수 있다. 특히 에너지 천연 자원 수출을 중심으로 한 경제모델이 지닌 네덜란드병의 구조를 고려해볼 때 리비아와 알제리 등은 과도하게 세계 유가의 향방에 종속되어 있음을 알 수 있다. 네덜란드병은 천연자원의 수출로 국가 소득을 대부분을 충당하는 나라가 가지고 있는 모델로서, 고질적인 실업문제(자원 채굴 산업은 자본 집약적)를 겪게 되고, 대부분의 소비 물자를 값싼 외국 수입품에 의존함으로 수입대체화를 이룰 수 없어 더욱 일자리 창출이 어렵고, 외화의 유입으로 인플레이션에 쉽게 노출되고, 자원을 독점한 정치와 경제 엘리트들에 의한 부패가 심각한 그런 경제사회 구조를 말한다. 국제 유가가 상승국면일 땐 국가에 의한 소득 배분의 규모가 늘어나지만 유가가 떨어지면 국가 소득의 극심한 수축으로 시스템이 마비될 공산이 큰 모델이 네덜란드병이다. 걸프 연안의 산유국(GCC) 국가들은 자국의 정치적 불만을 잠재우기 위해서 기존에 축적된 석유자본 소득을 사회에 환원하는 미봉책을 사용할 수 있었지만 에너지 자원이 풍부하지 않고 관광 산업에 크게 의존하고 있는 튀니지나, 이집트, 예멘 같은 나라들은 국민들의 저항을 흡수할 수 있는 여력이 그만큼 없었기 때문에 더욱 큰 혼란에 빠질 수밖에 없다. 전반적으로 MENA 지역은 식량 안보의 고질적인 문제를 안고 있으면서 세계 에너지 자원의 변수에 따라 사회전체적인 조건들이 직접적으로 결정되는 구조를 안고 있음을 알 수 있다.

제 1차 세계대전이 끝나면서 오스만제국이 붕괴되고 냉전에 접어들었을 때 전 이슬람 국가들은 크게 3가지의 사회 모델을 선택하게 된다. 과거 그리스-로마 제국의 침략에 대응했던 유대교의 분파가 다양했듯이 힘의 조우가 빗어내는 대응 유형은 크게 다르지 않다. 우선 세속주의 대응전략은 철저히 현실주의적 입장으로서 제국에 상대하기 보다 타협을 통해 무너진 내부를 재건하자는 실리 우선형 모델이라고 볼 수 있다. 터키와 같은 경우, 공화파인 앙카라의 케말 장군이 이끄는 세속주의 세력에 의해 터키 공화국으로 출발했고, 군부를 중심으로 정치와 종교의 분리를 통한 철저한 서구화의 길을 걸었다. 이란의 경우도 카자르 왕조를 뒤엎고 들어선 팔레비 왕조는 1979년 호메이니 이슬람혁명이 일어나기 전 케말 파샤의 세속적 공화국의 모델을 추구했지만, 이맘 시아 이슬람 세력의 반대 앞에 입헌 군주제의 모델을 선택했다. 그런데 이런 국가들 중에는 일찍이 서구 자본주의의 제국주의적 본성을 알고 이에 맞서 사회주의적 길로 선회하는 국가들이 나타나기 시작했다. 1952년 친영국 성향의 왕정을 타파하고 권력을 장악한 이집트이 낫세르는 아랍 민족주의의 기치를 내걸고 사회주의적 경제 모델을 취하며 파죽지세로 중동 정치를 이끌어 갔다. 시리아도 1970년에 아사드 정권이 들어서서 바트당 사회주의를 추구했고, 급기야 이집트와 시리아는 3년간에 걸쳐 1961년까지 아랍연합공화국(UAR)이라는 국가연합을 결성하기도 했다. 이라크의 경우도 1963년 이후로 바트당 사회주의 정권이 왕정을 대체했으며 사담 후세인이 1인자로 등장한 1980년부터 이란-이라크 전쟁을 통해 아랍 민족주의의 리더십을 잡고자 노력했다. 이들의 공통점을 보면 제 1차 아랍-이스라엘 전쟁의 패배에 대한 국민들의 좌절과 분노를 등에 업고 반이스라엘, 반서구 제국주의의 슬로건을 통해 정치권력을 장악했으며, 경제적으로는 사회주의적 모델을 추구하며 국가 계획과 사회복지 정책을 추진해 왔다는 것이다. 리비아의 카다피의 경우 역시 1969년 왕정을 몰아내고 정치권력을 장악하면서 이슬람과 사회주의를 결합하는 반제국주의 투쟁의 차원에서 부족사회를 규합하며 권좌를 유지해 왔다. 그렇지만 계획경제의 한계가 심각해지고, 서구 자본주의 세력에 견줄만한 힘을 소련이 제공할 수 없자 이들 국가들은 이념보다는 실리를 추구하며 다시금 현실주의로 돌아오게 된다. 특히 이집트는 제 3차 중동전쟁(1973년)을 통해 시나이 반도를 이스라엘에게서 되찾으면서 아랍 민족주의 보다는 자국의 실리를 더 중시하여 이스라엘과 화친하고 미국과 우호관계를 맺기에 이르렀다. 이러한 모델 안에서 좌파와 우파의 정치 모델의 혼선이 일어나는 동안 이들 국가들 안에는 세속주의 모델을 탈피하고 초대 이슬람으로 복귀하고자 하는 살라피즘 운동이 서서히 영향력을 확대하고 있었다. 그래서 알제리에서는 이슬람원리주의 세력이 1990년 선거를 통해서 집권 사회주의 세력을 눌렀지만 군부의 쿠데타로 뒤집어졌고 사회는 극심한 내전 상태에 빠져 테러와 독재의 암흑 속에 빠져들었다. 이집트는 무슬림형제단이 탄압을 받았지만 온건파들이 사회 속으로 들어가 꾸준히 영향력을 넓혔고, 과격 세력은 1979년 아프가니스탄 반소 지하드로 투입되고 후에는 예멘을 거점으로 알카에다 세력의 주요 분파로 그 명맥을 유지하고 있다.

한편, 이러한 세속주의 모델과 전혀 다른 대응 형태는 원리주의 모델로서 이슬람 세계에 적용하자면 사우디아라비아, 파키스탄 등을 들 수 있다. 아프가니스탄의 탈레반을 키운 중요한 이슬람 신학운동인 와하비즘과 데오반디즘의 뿌리가 각각 사우디아라비아와 파키스탄이다. 이들 국가는 민족과 세속적 가치가 아닌 이슬람적 규범에 의해 국가를 건설하되 외교적 관계에서만큼은 국제사회와 친근한 관계를 형성해 온 특이성을 지닌다. 특히 1970년대 중반 석유의 무기화를 통해서 정치적으로는 친서구주의이지만 종교적으로는 철저한 근본주의에 바탕을 두고 세계를 향한 이슬람 전파를 중요한 가치로 두고 있는 국가들이다.

마지막 세 번째의 모델은 혁명당파적 반응으로서 이란, 아프가니스탄 등 비타협적이면서도 전투적인 이슬람적 가치에 근거한 질서를 추구하고 있다. 이들 세 가지의 이슬람적 대응에도 불구하고, 전체적으로 볼 때 아직 이슬람 세계는 이슬람 자체의 대안적 역량을 갖추지 못하고 있고, 미시적으로는 자체 역량 강화와 사회의 이슬람화에 주력하며, 장기적으로는 세계 칼리프 국가 건설이라는 아젠다를 추구할 것으로 보인다. 그러나 이번 중동-아프리카 사태를 지켜보면서 이슬람세계는 변화에 대한 강한 열정과 더불어 세계자본주의 체제 붕괴 이후의 질서에 대해서 모색하는 중요한 전환기를 맞고 있다.

3. 글로벌 금융 자본의 위기와 중동

2010년부터 중동-북아프리카 지역을 휩쓸고 있는 정치·경제적 변동은 글로벌 경제와 금융대공황의 틀 속에서 이해하는 것이 중요하다. 2000년대 초미국은 정보기술산업IT 버블이 터지자 경기침체를 막고자 연방준비제도이사회가 저금리 정책을 쓰기 시작했다. 빌 클린턴 행정부 시절 장기 호황에 따른 부작용을 연착륙 시키기 위해 연방준비제도이사회는 1999년 7월부터 2000년 6월까지 단계적으로 금리를 인상했었다. 그러나 2000년대 닷컴 버블의 붕괴로 경제 성장률이 1%대로 떨어지는 등 경기가 침체될 조짐을 보이자 연방준비제도이사회는 방향을 바꿔 2000년 5월부터 단계적인 금리 인하에 착수했다. 더욱이 2001년 9·11 테러까지 발생하자 미국은 경제적 충격을 완화한다는 명목으로 금리 인하에 더욱 가속도를 붙였다. 이 같은 저금리 정책은 세계 부동산 시장과 주식 시장의 호황으로 이어졌다. 시중에 돈이 넘쳐나면서 집값은 오르고, 주가도 크게 상승했으며 물가도 대폭 올랐다. 주택담보모기지 금리는 2005년 사상 최저치인 5.7%까지 떨어졌다. 금리가 낮아지자 실수요자뿐 아니라 돈을 빌려 주택 투기에 나서는 사람들도 늘어나 실거주 목적이 아닌 투기용 거래가 한 때 28%까지 급증했다. 당시 부시 행정부는 부동산 불패 신화와 금융강국의 환상에 사로잡혀 소수 인종들의 주택 보유를 돕는다는 취지로 서브프라임 주택담보대출을 적극 장려했다. 즉 대출상환 능력이 되지 않는 사람들에게 신용을 제공함으로 시중엔 통화가 팽창했고, 달러의 가치는 하락하고 돈 놀이로 밀어 올린 주택 가격은 계속 고공행진을 이어갔다. 보통 저금리 정책을 시행하면 인플레이션이 발생하는데 당시 미국 경제는 통화 팽창과 경제성장에도 불구하고 인플레이션 문제가 크게 나타나지 않았다. IT 중심의 새로운 경제 구조에 원인이 있다고 했지만, 실제로는 미국이 팽창시킨 통화량의 대부분을 주택시장 모기지와, 아이슬란드와 아일랜드 및 중부 유럽 등으로의 해외투자, 파생금융상품 그리고 세계의 공장 중국이 흡수해 주었기 때문에 미국에서의 인플레이션이 심각하지 않았던 것이었다. 그러나 2007년 주택 가격이 하락하면서 서브프라임 등급의 대출자의 상환이 어렵게 되고, 모기지 대출의 부실 가능성이 점차 현실로 다가왔다. 연방준비제도이사회는 주택시장이 과열조짐을 보이자 2004년 6월 기준 금리를 1.25% 전격 인상했다. 그 이후로도 2년간 17차례 금리를 지속적으로 올려 2006년 6월 미국의 기준금리는 5.25%로 수직 상승했다. 2006년 들어 금리 인상 효과가 서서히 나타나더니 시중에 유동성이 고갈되고 주택시장은 점차 위축되어 갔다. 가장 신용도가 낮은 서브프라임 대출을 받은 주택 구입자들 중에서 고율의 이자와 대출 원금을 못 갚는 경우가 늘면서 은행마다 연체가 누적되고 주택 차압이 증가했다. 그러면서 뉴욕 증시도 2008년 가을 파국이 오기 전에 4차례나 폭락했고 2008년 9월엔 미국 3위 투자은행인 뱅크오브아메리카가 주당 29달러, 총 500억 달러에 매각되었고, 리먼브라더스도 연방파산법원에 파산보호를 신청했다. 월가를 휩쓴 도미노 파산 공포는 전 세계를 휘몰아 쳤고 글로벌 자금 시장은 마비되었다. 헝가리, 우크라이나, 라트비아, 세르비아, 루마니아 등 동유럽 국가들이 동시다발적으로 외환위기에 노출되면서 결국 국제통화기금에 무더기로 구제금융을 요청해야만 했다. 이것은 1929-1939년 세계를 뒤흔들었던 대공황 이후 최대의 위기로서 세계경제를 혼란 속에 빠뜨렸다. 미국은 실물경기의 침체가 본격화 되고 사상 최악의 파국이 예상되자, 1997년 아시아 위기 당시 강요했던 긴축정책 대신 무차별적인 통화량 공급 확대 정책을 실시했다. 거의 제로 금리로 2,000억 달러를, 유럽 은행을 통해서 3,000억 달러를 그리고 일본 은행을 통해 2조 5천억 엔이라는 긴급 유동성 자금을 시장에 투입했다. 심각한 신용경색이 이어지면서 일반 채권은 물론 각종 펀드와 파생상품에 대한 디폴트가 발생하자 채권시장도 더 이상 안전 지대가 되지 못했다. 금융 시장에 몰아칠 대지진을 예감이라도 한 듯 원유와 곡물시장은 물론 금, 은 등 귀금속과 산업용 금속, 비금속 시장에 대한 대규모 투자가 감행되었다. 주식 폭락과 신용경색에 놀란 국제 투기 자본은 원유 선물 시장을 목표로 삼고 매수 주문을 쏟아내었고 상품시장은 천정부지로 가격이 치솟았다. 곡물 대란으로 지구촌에서 1억명 이상이 심각한 기아에 직면한 위기 상황에서 다국적 곡물 메이저들은 유례없는 호황을 누렸다. 전 세계를 식량 위기로 몰아 넣고 있는 식량 가격 폭등은 곡물유통업자의 사재기와 국제자금 등 투기에서 비롯된 것이다. 신흥국 수요 증가와 바이오에탄올 등 다른 용도로의 전용에 따른 공급부족으로 세계 곡물 재고량이 감소한 것도 있지만, 투기자본이 대거 유입돼 곡물 가격 상승에 불을 질렀기 때문에 중동-북아프리카처럼 식량의 해외의존도가 높은 지역은 치명타를 입게 된 것이다. 세계 곡물 시장은 미국계 카길, ADM, 콘아그라 등 7대 메이저가 장악하고 있다. 그렇지만 2009년에 접어들어 상품시장에 과도하게 투입되었던 투기자본들은, 2008년 금융대공황이 세계 경제를 불황으로 몰아간 엄청난 사건임을 실감하고 자금을 회수한다. 이로 인해 일시적으로 석유가격이 40달러 선까지 내려가고 곡물가격도 급격히 하락세를 나타내었다. 하지만 미국의 과도한 저금리 정책과 구제금융 자금 투입으로 인해 2009년 하반기부터 다시금 2001년 이후 유지되었던 금융시장 구조가 재현되었다. 유가도 리비아 사태를 겪으면서 140달러 선까지 치솟았고, 곡물 가격도 2008년 상반기 수준은 아니지만 꾸준히 고공행진을 이어갔다. 2008년 시점에서 미국 연방준비이사회가 금융 시장에 개입하지 않았다면 세계경제는 1929년 대공황 상황으로 떨어졌을 것이다. 그럼에도 불구하고 제로 금리에 가까운 통화팽창을 통해 소비심리와 경기 활성화를 촉진하려는 정책은 결국 엄청나게 큰 버블로 확대될 수밖에 없고 언젠가는 회생 불가능한 시스템의 붕괴를 초래할 것이다. 즉, 지금의 상황은 버블이 꺼지면서 장기 불황으로 치달아야 하는데, 미국에서 과도하게 많은 달러를 찍어내어 금융시장에 유동성을 투여하고 있고, 투기를 기반으로 하는 초단기 국제금융 세력이 통제되지 않고 있으며, 물가와 에너지 가격은 치솟는데, 이렇게 되면 경기가 살아나지 않고 전형적인 스태그플레이션으로 빠질 공산이 크다.- 이 글을 쓰신지가 좀 되신 것 같습니다. 현재의 상황이 좀 반영되어야 하지 않을까요? 이러한 글로벌 금융공황 상태에서 중동 국가들은 고물가와 높은 실업률에 시달렸고, 이것이 장기 독재 정권에 항거하는 시민 혁명으로 분출된 것이다. 미국발 금융 위기의 파장은 대중 소비를 위축 시켰고, 유럽인 관광객 유입을 줄게 만들었고, 세계적인 경기 위축으로 높은 청년 실업률과 더불어 통화 팽창에 따른 인플레이션이 세계를 뒤흔들고 있다. 〈Arab Monetary Fund, 2013〉가 제공하는 중동-아프리카 지역 국가들의 무역수지(Trade Balance)와 상품, 서비스, 소득수지(Goods, Services, and Income)를 보면 2008년 금융위기가 여파가 잘 나타나 있다. 전반적으로 볼 때 중동 시민혁명이 폭발한 튀니지, 리비아, 이집트, 시리아 등의 국가는 무역수지와 상품, 서비스, 소득수지의 적자 상태가 누적되다가 2008년에서 2011년 사이에는 상태가 급격히 하락했다는 것을 알 수 있다. 사우디아라비아와 같은 중동 산유국의 경우 2009-2010년 사이에 급격한 수지 지표의 하락이 있었고, 이는 중동-북아프리카 국가에서 유입된 이주 노동자의 일자리가 그만큼 줄어들게 됨으로 외국 송금의 급락으로 이어져 경제적 고통을 안겼다는 사실을 보여 준다. 중동-북아프리카 국가들 총계로 보더라도 2009년을 기점으로 수지의 급격한 하락이 일어났다는 것을 알 수 있다.

〈무역수지, Millions of U.S. Dollars〉

	튀니지	리비아	이집트	시리아	요르단	레바논	사우디 아라비아	총계
2011	-4,747	1,786	-19,398	-9,634	-8,819	-13,919	244,774	546,437
2010	-4,512	24,376	-20,120	-3,663	-6,794	-12,499	153,712	282,084
2009	-3,636	15,053	-16,818	-3,065	-6,266	-11,207	105,229	211,849
2008	-3,945	40,292	-19,759	-791	-7,165	-11,077	212,027	435,726
2007	-2,832	29,228	-14,900	-521	-6,452	-7,889	150,716	312,593
2006	-2,464	24,254	-8,438	886	-5,056	-6,211	147,391	297,449
2005	-1,903	17,675	-7,745	-140	-5,016	-6,598	126,117	225,461
2004	-2,269	5,678	-4,201	263	-1,996	-5,003	59,376	109,038
2003	-2,123	2,443	-5,762	1,332	-1,731	-4,826	42,840	75,609
2002	-2,369	5,809	-6,935	2,210	-2,007	-5,920	39,366	74,697

〈상품, 서비스, 소득수지, Millions of U.S. Dollars〉

	튀니지	리비아	이집트	시리아	요르단	레바논	사우디 아라비아	총계
2011	-5,285	-2,118	-20,705	…	-8,336	-7,294	187,930	408,048
2010	-4,039	18,629	-16,943	-1,317	-5,704	-10,188	94,672	176,529
2009	-3,185	10,953	-11,309	-2,092	-5,022	-8,568	48,627	106,292
2008	-3,634	36,742	-11,173	-678	-6,118	-6,463	155,334	352,828
2007	-2,536	28,729	-7,911	-361	-5,737	-4,373	110,422	258,885
2006	-2,062	21,584	-3,134	355	-4,666	-3,085	115,846	244,115
2005	-1,611	15,579	-3,645	-452	-4,888	-3,811	104,838	176,925
2004	-1,901	5,063	145	-88	-2,007	-5,469	55,852	88,249
2003	-1,778	1,565	-3,337	0	-1,763	-4,619	40,655	55,746
2002	-1,732	4,060	-4,346	961	-2,084	-5,541	36,699	55,742

이것은 중동-북아프리카 지역에 한정된 현상이 아니다. 석유 자원에 의존적인 지대추구적 경제구조(Rent-seeking Economics)를 특징으로 한다. 지대추구 경제는 생산 시설을 늘리고 일자리를 창출하고 소비시장을 형성하는 산업 구조와 달리 천연 자원의 매각으로 대금을 받고 그 수익에 절대 의존한다. 이런 구조에서는 석유 수출에 따른 수익이 지대한 영향을 미치며, 국제유가에 따라 경상수지의 변화폭이 클 수밖에 없다. 따라서 아랍 경제는 국제유가의 등락에 매우 민감한 구조적 취약성을 갖고 있다. 2001년 22달러로 바닥을 쳤던 국제유가가 2004년 30달러로 상승하자 아랍 국가들의 경상수지가 개선되고 재정수지 역시 흑자로 전환됐다. 미국발 금융위기에도 불구하고 두바이 유가가 90달러를 넘어섰던 2008년에는 수지 흑자폭이 최고조에 달했다가 세계금융위기의 여파로 인해 유가가 폭락한 2009년에는 급격히 경상수지 흑자폭이 감소되고 정부 재정은 2002년 수준의 적자로 전락했던 것이다. (송재욱,2013,p.24-25)[27]

27 송재욱, 『자스민과 석유』(서울: 애플트리, 2013), 24-25.

2001년 9·11 테러 후에 미국 부시 정부가 단행한 통화 팽창 정책이 막대한 유동성을 창출했고, 이것이 세계경제 체제에 비정상적인 경기 활성화를 이끌었지만, 2008년 미국 연방준비위원회가 과열된 경기를 되돌리기 위해 이자율을 상향 조정 하면서 그 여파가 전 세계를 강타했다. 그러나 가장 큰 피해는 세계자본주의 체제 주변부 지역이었다. 사우디아라비아를 위시한 중동 산유국들은 급증하는 국민들의 불만과 민주화 요구를 달래기 위해 막대한 통치 자금을 투입했지만, 산유국이 아닌 중동 국가들은 세계 경제 체제가 불러 일으킨 위기 상황을 대처할 수 있는 경제력도, 정치적 시스템도 제대로 갖추지 못한 상태에서 결국 '중동의 봄'을 맞게 된 것이다.

V. 결론

문명충돌론은 냉전 체제 붕괴 후 서방 세계가 헤게모니를 영구화 시키기 위한 전략의 일환으로 나온 신냉전적 사고의 산물이며, 또 다른 오리엔탈리즘의 편견을 바탕으로 하고 있는 이론이다. 따라서 현대 시대의 폭력과 분쟁 상황을 이해하는 분석틀로는 적합하지 않으며, 오히려 문명충돌론은 미국의 대외 정책의 지배적 담론으로서 중동 국가들의 분쟁의 원인이 되고 있다. 문명충돌론은 서방 세계의 다양한 이해 관계를 외부의 새로운 적을 상정함으로 규합 시키고, 타자를 문명과 발전의 잠재적 적으로 규정함으로써, 서방 세계는 선하며, 이슬람 세계는 악하다는 마니교적 이분법에 따라 세계를 진영화 하고 있다. 이런 차원에서 알리 타리크는 미제국이 이슬람 테러리즘이라는 새로운 적을 만들어 냈다고 주장한다. 즉, 테러를 실행에 옮기는 사람들은 악하고, 위협은 전지구적인 것이 되었으며, 바로 그런 이유에서 필요하다면 언제든지 폭탄이 투하되어야 한다는 것이다. 정치적으로 미국은 자신들이 겪은 비극을 세계를 재편하는 도덕적인 잣대로 써먹기로 결정한 것이

다.[28]

중동 지역의 분쟁과 폭력의 원인은 문명충돌론으로 설명할 수 없으며, 그것에 원인을 두고 있지 않다. 이슬람 세계가 전체주의적 세계관을 바탕으로 하고 있어서 폭력 현상은 당연한 것이며, 따라서 서구의 개입으로 독재 정권을 타도하고, 민주주의의 꽃을 피워야 한다는 생각은 서방 세계의 착각이다. 세계 자본주의 체제 하에서 지구촌은 긴밀히 연결 되어 있다. 특별히 1944년 브레톤우즈에서 수립된 기축 통화로서의 달러의 권력을 획득한 미국의 통화 정책은 전 세계에 막대한 영향을 미칠 수 있는 열쇠와 같다. 더욱이 1970년에 금본위제를 중단한 이후, 미국은 자국의 이해에 따라 언제든지 달러를 무제한 발행할 수 있다. 브레톤우즈 체제는 미국 달러가 미중앙은행의 달러 보유와 연동되었기 때문에 달러가 신뢰 받은 통화가 될 수 있었다. 그러나 더 이상 금의 보유에 제한 받지 않는 달러의 공급은 통화 팽창으로 인한 인플레이션의 위험에 상시 노출되게 만들었고, 금의 가치와 무관하게 발행된 달러를 통해 미국이 세계 소비의 주축국이 되면서, 지구촌의 시장은 미국의 소비 능력에 종속되어 버렸다. 더 나아가 미국의 정치 경제적 상황에 따라 자국의 통화 정책이 결정 되면서 지구촌은 서방 세계의 감기 바이러스에 면역체계를 갖추지 못한 상태에서 좌지우지 되고 있다. 이집트에서 민주화 요구가 있었을 때 무슬림형제단은 시위를 지지하지 않았다. 시위규모가 커지고 무슬림형제단 회원들이 혁명에 뛰어들자 무슬림형제단 지도부는 마지못해 지지를 표명했다(Callinicos,2011,pp.148-149). 그리고는 무바라크 퇴진 후 2년 정도 이집트의 국정을 담당했다. 당시 필자는 무슬림형제단이 집권 세력으로 나서지 않을 것이라고 전망했다. 왜냐하면 이것은 중동의 민주화 운동이 아니라 세계자본주의 체제의 구조적 모순이 폭발한 것이었기 때문이다. 따라서 무슬림형제단이 이집트의 국정을 운영하더라도 국민들을 한계 상황으로 몰아간 인플레이션과 청년 실업의 문제를 해결할 수 없었다. 왜냐하면 이것은 이집트의 문제이기 이전에 글로벌 세계 체제의 붕괴 증상

---

28   타리크 알리, 『근본주의의 충돌』, 정철수 역(서울: 미토, 2003), 12.

이었기 때문이다. 그런데 무슬림형제단은 이집트 국가 통치에 뛰어들었고, 결국 2년 만에 물러났다.

미국발 세계금융위기의 파장으로 중동의 독재체제가 흔들리자, 절묘한 힘의 공백 상태가 형성된 이라크 중부와 시리아 동부 지역에 이슬람 세계의 중심을 선언하는 IS가 수립되었다. 서방 세계의 문명충돌론에 정확한 대척점에 있는 이슬람적 문명충돌론을 바탕으로 하는 적대적 공생 관계의 한 축을 그들이 발견한 것이다. 알카에다와 달리 IS는 군사시설과 경제권을 보유했고, 글로벌 네트워크라는 허상이 아니라 영토와 주권을 가진 준국가적 지위를 확보했다. 테러조직이 국가를 건설하고 국가로서 기능을 하게 된 것이다. IS는 서구 세계를 이슬람 이전의 자힐리아로 해석하면서 자본주의를 대체하는 이슬람 사회 혹은 지구촌 건립이라는 이데올로기를 집중적으로 홍보하고 있다. 글로벌 자본주의에 비판적인 사람들이 과거에 사회주의에서 대항마를 찾았다면, 소련 해체 후에는 IS와 같은 반체제 운동에 우호적 입장을 취하거나 적극적 참여를 선택할 것이다. 지금 드러나고 있듯이 IS에는 유럽과 미주 그리고 러시아와 중국 등 전 세계에서 동조자들이 몰려들고 있고, 신흥 칼리프인 알 바그다디의 파트와에 따라 움직일 가능성이 크다. 이것은 서구와 비서구권의 문명의 충돌 현상이 아니라, 글로벌 세계경제 체제의 구조적 모순이며, 나아가 붕괴의 조짐이 아닐 수 없다.

● 참고문헌

Dabashi, Hamid "For the Last Time: Civilizations" International Sociology Monthly, (Sep. 1990), http://www.clagsborough.uk/forthelasttime.pdf.

Davutoglu, Ahmet, "The Clash of Interests: An Explanation of World Disorder," Journal of Foreign Affairs, Vol. II, No. 4 (Dec 1997), (Feb.1998).

Diaz-Bonilla, "Trade liberalization, WTO and food, security," Trade and Macro-economics Division Discussion Paper No. 82, Washington D.C: International Food Policy Research Institute, 2002.

Era: The Flaws of the "Islamic Conspiracy" Theory", Journal of Church & State http://pages.pomona.edu/~vis04747/h124/readings/Lewis_roots_of_muslim_rage.pdf

Food Security and Economic Development in the Middle East and North Africa, (International Food Policy Research Institute, 2010)

Gilmore, Gerry J., "Bush's 'Axis of Evil' Speech Put Iraq on Notice," http://www.defense.gov/news/newsarticle.aspx?id=31166

Huntington, Samuel, *The Clash of Civilizations and the Remaking of World Order*, New York: Simon and Schuster, 1996.

Iraq oil law (2007), http://en.wikipedia.org/wiki/Iraq_oil_law_(2007)

IS, "This is the Promise of Allah,https://ia902505.us.archive.org/28/items/poa_25984/EN.pdf

Kepel, Gilles, *Jihad: The Trail of Political Islam*, Trans. from French by Anthony F. Roberts, Cambridge, Mass.: Harvard University Press, 2002.

Lewis, Bernard, "The Roots of Muslim Rage," Atlantic Monthly, Vol. 266, No. 3 (Sep. 1990): 57-59.

Monshipouri, Mahmood, Petonito, Gina, "Constructing The Enemy in the Post-Cold War Era: The Flaws of the 'Islamic Conspiracy' Theory," Journal of Church & State, Vol. 37, No. 4 (1995): 773-792.

Napoleoni, Loretta, 『이슬람 불사조』, 노만수, 정태영 역, 파주: 글항아리, 2015.

Panitch, Leo, Leys, Colin, *Global flashpoints: reactions to imperialism and neoliberalism*, N.Y: Monthly Review Press, 2008.

Piper, Daniel, *Militant Islam Reaches America*, New York: W.W.Norton, 2003.

Russett, Bruce M., Oneal, John R., Cox, Michaelene, Journal of Peace Research, Vol. 37, No. 5 (Sep. 2000): 583-608. http://links.jstor.org/sici?sici=0022-3433%28200009%2937%3A5%3C583%3ACOCORA%3E2.0.CO%3B2-M

Said, Edward W., Professor Edward Said in Lecture: The Myth of the "Clash of Civilizations," Northampton, MA: Media Education Foundation, 1998 (videorecording).

Tahir, Ashraf, "The Clash of Civilizations? A Critique," Pakistan Journal of Social Sciences (PJSS), Vol. 32, No. 2 (2012): 521-527.

The World Factbook, 22 (Jun. 2014): https://www.cia.gov/library/publications/the-world-factbook/geos/iz.html.

Toynbee, A., *An Historian's Approach to Religion*, Oxford:Oxford University Press, 1956.

Tusicisni, Andrej, "Civilizational conflicts: More frequent, longer, and bloodier?," Journal of Peace Research, Vol. 41, No. 4 (2004): 485-498.

Weller, Paul., "The Clash of C Theses and Religious Responses," European Journal of Economic and Political Studies, Vol. 3, (2010): 83.

World Economic Forum on the Middle East and North Africa, Marrakech, Morocco, 26-28 October 2010

송재욱, 『자스민과 석유』, 서울: 애플트리, 2013.

알렉스 캘리니코스, 사메 나기브 등, 『혁명이 계속되다』, 김하영 역, 서울: 책갈피, 2011.

알리, 타리크, 『근본주의의 충돌』, 정철수 역, 서울: 미토, 2003.

이근욱, 『이라크 전쟁』, 파주: 한울, 2011.

반목과 충돌의 시대 속의
이슬람 선교

김마가*

* GO 대표.

● ABSTRACT

Kim, Mark

IS(Islamic state) has its own territory and people and works as a state with a government structure. They are waging battles and carrying out terrorism in various places in the world. They consider the West including the United States, Israel, Shia Muslims, Christians, and Taliban as enemies. Therefore they are waging battles against the whole world. Arabs and non-Arabs are all feeling the same way and reacting against IS' violent aggression.

Samuel Huntington, a political scientist in the United States, explains Islamic history with aggression and violence. He said that the clash between the West and the Islamic civilization lasted during past 1300 years, and it seemed to be worsened in the future. Furthermore, the clash is taking place not only between the West and Islam but also among the Muslims in Arab world.

Gilles Kepel explains this aspect of Islamic world with the concept of fitna. According to him, Islamic society was led by two axes, Jihad and fitna. Fitna is something like suffering, persecution, internal war or threat which makes the community is divided and collapses. Fitna makes the Muslim society weaken from the inside. So the Muslim community and religious scholars make efforts to avoid it by all means. However, the occupation of Iraq by America and its allies opened the Pandora's Box of Middle East and exposed the conflict and hostility between races and tribes. Today the situation of the Middle East is exactly fitna.

The belligerence is evident in the Quran which the Muslims believe as God's revelation. The so-called "Sword Verses" of the Quran encourage militancy and violence. The fundamentalists argue that all beliefs and actions of Muslims should come directly from the scriptures. So they interpret the scriptures personally and literally, and apply it to the real life. The "Sword Verses" explains why the fundamentalists so often cause conflicts and clashes.

Then how should the Christians treat those who cause anger and hatred in many forms? The Bible contains prayers against enemies in Psalm which asking divine punishment for them. This fact makes us quite uncomfortable because Christianity, the religion of love and peace, has the same attitude as Islam, violent and aggressive, by asking punishment and revenge against the enemy.

However, we need to understand the Psalms in the context of the Bible. These Psalms expose violence in society and anger of the world, but it is not to agitate anger in people's mind but just to express anger itself for the humans and the world. People are able to face anger in this way, and the Psalms teach them to relinquish violence to react rightly and overcome the violence. These Psalms as well teach about the end of the world by the advent of the kingdom of righteousness and peace.

The Bible clearly says not to revenge directly. It is denying God who is the Judge and the Lord. It also says to love the enemy and pray for him. Furthermore it says to help the enemy when he is in need by giving him food and drink. We can find good examples and witnesses of defeating the evil by doing good through the church history and also among the contemporary Christians especially living in the Muslim countries.

● **Key words**

IS, Jihad, Fitna, Sword Verses Al Qaeda

1. 이슬람 국가(Islamic State)

정부군과 반군의 전투가 심각하게 벌어지고 있던 시리아에서는 2013년 6월 락카를 점령한 알카에다의 한 집단이 빠르게 주변 지역을 흡수하면서 이라크 북부의 모술을 2014년 6월에 점령하고, 그 달 29일에 "이슬람 국가 (Islamic State)"를 설립했다. 아부바크르 알 바그다디는 자신을 칼리프로 선언 하였다. 그들은 지금까지 보아 온 이슬람성전주의자(Jihadist)나 급진적인 이 슬람주의자 (Radical Islamist) 곧 알카에다와 구분되었다. 그들은 요르단 크기 만한 자기 영토를 확보하고 약 6백-8백만명의 국민들을 통치하는 정부구조 를 갖고 있다. 자기들이 통치하고 있는 지역에서 세금을 걷고 학교와 병원을 운영하며 군인들과 근로자에게 월급을 지급했다. 그들은 하나의 국가였다. 또한 그들은 동시 다발적으로 여러 지역에서 전투를 벌일 뿐 아니라 세계 여 러 곳에서 테러를 행하는 고도의 전투 능력을 발휘하였다. 이미 오랫동안 테 러 단체로 명성을 갖고 있던 알카에다와는 비교할 수 없는 잔인함과 통제로 무슬림과 비무슬림을 대량학살하고, 또 서구의 기자들과 봉사자들, 군인들 을 인질로 붙잡은 뒤 석방교섭을 통해 교활하게 돈을 벌기도 하고, 더러는 잔혹하게 참수시킨 후 인터넷을 통해 온 세상에 보여줌으로써 그들의 존재 를 확실하게 알렸다. 버젓이 국제적인 사회관계망을 사용하여 (페이스북, 트 위터등) 자원자 곧 무자헤딘을 전 세계에서 모집하였다. 이들이 적이라고 표 현하는 상대는 미국을 중심으로 한 서구, 이스라엘, 시아 무슬림, 기독교인, 탈레반을 포함하고 있어서 사실상 전세계를 대상으로 전쟁을 하고 있다고 말할 수 있다. 약 20만명 내외의 군사들로 알려진 이들이 비행기도 없이 단 지 재래식 무기를 가지고 오늘날의 세계를 대항하여 전쟁을 하고 있다는 것 이 얼핏 농담처럼 들리지만 엄연한 현실이다. 이들은 세계에 지속적으로 공 포와 증오를 뿜어 내고 있으며, 언제든지 자기들을 방해하는 세력과 충돌할 준비를 갖추고 있는 것처럼 보인다. 이들로 인해서 당황하는 대다수 세계의 무슬림들은 이들이 무슬림이 아니라고 주장한다. 그러나 가장 존경 받는 이 슬람신학교인 이집트의 알아자르 대학에서는 IS를 배교자로 발표한 적이 없

다고 공식적으로 말했다.[1]

이들에게 자국민이 처형되었던 이집트와 요르단, 일본에서는 IS에 대한 대처와 복수를 발표했다. 직접 무슬림들과 충돌한 적이 없는 일본은 자국민 기자가 IS에 의해서 살해된 것에 대해서 분노하고, 아베 총리는 테러의 근절과 IS의 영향을 단절시키기 위해 노력하겠다고 약속했다.[2] 미군과 연합으로 첫 번째 공습에 나섰다가 IS에게 생포된 요르단 공군대위 카사스베가 살해된 것에 대해서 요르단 정부는 "카사스베의 순교의 피가 결코 헛되지 않도록 IS에 대해 심각하게 보복할 것"을 약속했다.[3] 이웃 리비아에 일자리를 찾아 갔다가 IS에 붙들려 참수된 21명의 이집트 콥틱 그리스도인들의 희생을 보고 이집트 정부는 바로 그 다음날 공군 폭격을 시작했고, 프랑스로부터 52억달러의 새 비행기를 구입했다.[4] 이와 같은 충돌과 복수는 IS의 폭력적인 공격성에 대해 아랍권과 비아랍권이 광범위하게 공감하면서 반응하고 있는 것이다.

오사마 빈 라덴이 살해된 후 현재 알카에다를 이끌고 있는 이집트의 내과 의사 출신 아이만 알자와히리는 2005년 아부 무삽 알자르카위에게[5] 이렇게 편지를 보냈다: "이슬람 세계의 중심에 예언자(무함마드)가 다스리던 방식으로 무슬림 국가가 세워지기 전까지는 이슬람의 승리가 이루어졌다고 보지 않는다는 것이 나의 신념이다." 알자와히리는 첫 번째 단계가 이라크에서 미군을 내쫓는 것이고, 둘째 단계는 왕국을 설립하고 넓은 칼리프 국으로 확장하는 것이며, 셋째 단계는 이라크 주변의 세속적인 국가들을 공격하여 (사우

---

1   http://www.al-monitor.com/pulse/originals/2015/02/azhar-egypt-radicals-islamic-state-apostates.html#.

2   http://www.nytimes.com/2015/02/02/world/departing-from-countrys-pacifism-japanese-premier-vows-revenge-for-killings.html?_r=0.

3   http://www.bbc.com/news/world-middle-east-31125835.

4   http://www.reuters.com/article/2015/02/16/us-mideast-crisis-libya-egypt-idUSKBN0LJ10D20150216.

5   요르단 출신으로 이라크에서 알카에다 그룹을 이끌었다. 2006년 미공군의 공습으로 사망했다. 그는 현재 IS의 창립자로 여겨지며 이라크 내의 그의 그룹들은 그의 사망 이후 자신들의 그룹을 Islamic State로 개명했다.

디 아라비아, 쿠웨이트, 시리아, 요르단) 그들을 칼리프에 소속시키는 것이고, 마지막은 모든 힘을 다 합쳐 이스라엘을 공격하는 것이라고 주장했다.[6] IS는 이미 호전적인 목표와 전략을 갖고 있기에 현재 그들의 활동은 당연한 귀결이다.

2. 충돌하는 이슬람의 호전성의 역사

미국의 정치학자 사무엘 헌팅턴이 1993년 Foreign Affairs 잡지에 이슬람의 호전성과 폭력성에 대한 원고를 기고한 뒤 국제적으로 뜨거운 논쟁이 일어나기 시작했다. 그는 이렇게 이슬람의 역사를 기술했다:

"단층선을 따라 서구와 이슬람문명 사이에서 발생한 충돌은 1300년동안 이어졌다. 이슬람이 설립된 후 아랍과 무어 군대는 732년 투르 전투에서 멈추었다. 11세기에서 13세기까지 십자군은 성지에서 기독교가 잠시 지배할 수 있도록 시도했다. 14세기부터 17세기까지 오스만 제국은 이를 뒤집었으며 그들의 통치를 중동과 발칸으로 넓히고 콘스탄틴을 함락시켰으며 빈을 두 번 포위했다. 19세기와 20세기 초에 오스만제국이 기울어질 때 영국과 프랑스 그리고 이태리가 북아프리카와 중동을 통치했다.
제 2차 세계대전 후 서구는 다시 후퇴했다. 식민제국은 사라졌고 최초의 아랍 민족주의와 이슬람 근본주의자들이 나타났다. 서구는 에너지 때문에 페르시아만의 걸프 국가들에게 심각하게 의존했다. 산유국들은 부국이 되었고 그들이 원하면 무기 부국이 될 수 있다. 아랍과 이스라엘 사이에는 몇 차례의 전쟁이 있었다. 프랑스는 1950년대 알제리에서 유혈의 무자비한 전쟁을 했고 영국과 프랑스는 1956년에 이집트를 침공했다. 1958년에 미국이 레바논에 강제로 진입한 후, 레바논을 침공했고 리비아

---

6   https://www.stratfor.com/weekly/jihadism-2014-assessing-islamic-state.

를 공격했으며 이란과 여러 차례 군사 충돌이 있었다. 중동의 세 나라의 지원을 받은 아랍 이슬람 테러리스트들은 서구 비행기와 군사 기지를 폭파하고 서구인들을 인질로 잡았다. 아랍과 서구 사이의 전쟁은 1990년에 최고조에 달했다. 미국은 엄청난 군대를 페르시아 걸프에 파견하여 다른 아랍국가로부터 아랍국가를 수호했다. 이후로 NATO의 활동은 "남단층"을 따라 발생하는 위협과 불안정에 대처하는 것이 많아졌다. 몇 세기를 두고 이어져 온 서구와 이슬람의 충돌은 줄어들 것 같지 않다. 더 심각해질 양상이다."[7]

그런데 오늘날 이러한 충돌은 단지 서구와 이슬람 사이에서만 일어나는 것 같지 않다. 이 충돌은 아랍권의 무슬림들 사이에서 일어나고 있고 그 끝이 보이지 않는다. 시리아는 무슬림들 사이에 내전이 일어난 것이고, 이라크와 리비아도 같은 사정이다. IS는 칼리프국가를 선포했고, 이란은 레바논과 예멘과 이라크와 시리아에서 자신들의 영향력을 과시하고 있다. 사우디의 공군은 예멘의 시아 반군인 후티에게 맹폭을 매일 가하고 있다. 이슬람권 내부의 충돌에 대해서 저명한 이슬람 학자인 버나드 루이스는 이렇게 설명한다: "제2차 세계대전 이후 형성된 아랍과 중앙아시아 국가들에게는 이미 내재된 불안함이었다. 과거의 부족간의 갈등이 남아 있었고, 내부는 물론 역내 국가간, 국제간 등 여러 단계의 새로운 갈등이 분출되었다. 아랍 세계의 신생 독립국들 가운데 고유한 정체성에 대한 오랜 경험과 지속적인 과거 역사의 본질을 제대로 대변하는 국가는 드물었다. 고작 이집트와 모로코 정도였다. 다른 국가들은 새롭게 탄생한 나라들이고 정권이었다. 이로 인한 내부 경쟁과 반목으로 고통 받았다. 때때로 이러한 갈등은 반란이나 혁명 그리고 내전으로 묘사되는 여러 군사적인 충돌로 나타났다."[8]

한편 아랍의 경제는 통제되거나 지원을 받거나 혹은 서툰 계획 방식으로

---

7   https://www.foreignaffairs.com/articles/united-states/1993-06-01/clash-civilizations.
8   버나드 루이스, 『중동의 역사』(서울: 까치, 1998), 383-385.

운영되었기 때문에 아랍 시민들을 보살필 수 없었다. 정통성이 부족한 아랍의 지도자들은 아랍 민족주의 안에서 피난처를 찾았고, 합의에 의한 정치보다 권력을 통한 강압 정치를 선호했다. 미래의 희망을 발견할 수 없는 젊은이들은 종교 안에서 안식을 찾고 IS와 같은 단체에 팔아 넘겨졌다. 오랫동안 미국은 이와 같은 형편의 국가들에게 버팀목이 되어주었다. 그러나 아랍의 봄은 2003년 부시 대통령에 의해서 흔들린 아랍의 균형이 어떤 결론에 다다르게 되었는지를 보여 주고 있다.[9]

3. 지하드와 피트나

이러한 무슬림 사회의 모습을 Gilles Kepel은 다음과 같이 표현했다: "14세기 동안 무슬림 사회는 두 개의 축에 의해 이끌려왔다. 그것은 이슬람 문명의 밀물과 썰물 같은 것인데 바로 지하드와 피트나였다. 지하드는 전통적으로 긍정적인 의미를 담고 있다. 모든 무슬림들이 자신들의 신앙의 영향력을 바깥으로 뻗쳐서 세계가 꾸란의 변치 않는 율법 아래 무릎 꿇게 되어 인간의 조화로운 질서를 회복시키는 것이다. 크게는 성전으로 나타나고 적게는 무슬림들로 하여금 더 나은 신자가 되도록 하는 싸움을 의미한다. 피트나는 비무슬림들에게 익숙하지 않은 개념이다. 그것은 고난, 핍박, 이슬람권 내부의 전쟁 혹은 신자를 위협해서 공동체가 와해되게 하고 나눠지며 부서지는 원심력을 의미한다. 지하드는 내적인 긴장을 외부로 발산하여 불신자들을 무슬림 통치 안으로 들여오게 하는 고상함이 있으나, 피트나는 무슬림 사회를 그 내부로부터 약화시키는 것이다. 그래서 무슬림 사회나 종교학자들은 모든 수단을 써서 피트나를 피하고자 한다. 지하드가 피트나로 바뀔 때 얻을 수 있는 충분한 이득이 보장되지 않는 한 무슬림 공동체는 피트나를 피하려 한다. 9·11 사태 이후에 이슬람 울라마는 공식적인 지하드를 선언할

---

9   The Economist, (Jun. 6th 2015): 7.

통제력을 잃어버렸다. 대부분의 급진적인 이슬람주의자들과 살라피스트들도 쌍둥이 빌딩에 감행한 테러를 "이슬람 공동체의 축복된 선구자"로 인식하지 않는다. 오히려 이슬람의 집 내부의 (Dar-al-Islam) 무질서와 파괴의 문을 여는 계기로 본다. 오늘날 중동의 상황은 정확히 피트나이다. 미국과 동맹국이 이라크를 점령한 사건은 중동의 판도라 상자를 열고 인종, 부족간의 분쟁과 적개심을 드러냈다."[10]

4. 칼의 구절 (Sword Verses)

모든 무슬림들이 하나님의 계시라고 믿고 있는 꾸란에는 호전성이 분명히 드러나 있다. 비록 많은 무슬림들이 "종교에는 강요가 없나니" (Q 2:256)라는 구절을 근거로 이슬람을 평화의 종교라고 주장한다. 그러나 오히려 경전에는 호전성과 폭력성을 장려하는 구절이 훨씬 더 많다. 소위 "칼의 구절 (Sword Verse)" 이라고 하는 구절들은 무슬림들로 하여금 행동하도록 촉구하고 있다. 여기에서 나타나는 중요한 문제는 꾸란의 해석에 관한 입장이다. 전통적인 이슬람에서는 경전의 해석을 전문 성직자인 울라마(Ulama)에게 맡겨서 이전의 꾸란 주석과 전임자들의 해석을 따라서 공식적인 해석을 하도록 하였다. 그들은 개인이 독립적으로 꾸란을 해석하는 것은 초기 이슬람 시대에 이미 끝났다고 믿는다. 그러나 근본주의자들은 모든 무슬림이 경전을 해석할 수 있고 실생활에 적용할 수 있다고 믿는다. 이것은 꾸란 자체를 해석할 수 있도록 하는 것인데, 역사적 상황 속의 문자 그대로의 의미를 오늘날 상황에 그대로 적용하는 것이다. 이들은 모든 믿음과 행위의 규칙이 무슬림의 경전으로부터 직접 나와야 한다고 주장한다. 만일 그와 같은 내용이 경전에 없는 경우에는 독립적이고 개인적인 해석(ijtihad)이 가능하다고 믿

---

10 Gilles Kepel, *The War for Muslim Minds*(London: The Belknap Press of Harvard University Press, 2006), 288-291.

는다.[11] 만일 이와 같은 해석의 원리를 갖고 다음 몇 개의 대표적인 구절들을 살펴보면 오늘날 근본주의 무슬림들이 왜 그처럼 충돌을 일으키는지 이해할 수 있다.

> **Q 2:190-193** 너희에게 도전하는 하나님의 적들에게 도전하되 그러나 먼저 공격하지 말라. 하나님은 공격하는 자들을 사랑하지 않으시니라. 그들을 발견한 곳에서 그들에게 투쟁하고 그들이 너희를 추방한 곳으로부터 그들을 추방하라. 박해는 살해보다 더 가혹하니라. 그들이 하람사원에서 너희들을 살해하지 않는 한 그들을 살해하지 말라. 그러나 그들이 그곳에서 살해할 때는 살해하라. 이것은 불신자들에 대한 보상이라. 만약 그들이 싸움을 단념한다면 하나님은 그들을 관용과 은총으로 충만케 하시니라. 박해가 사라질 때까지 그들에게 대항하라. 이는 하나님을 위한 신앙이니라. 그들이 박해를 단념한다면 우매한 자들을 제외하고는 적대시 하지 말라.
>
> **Q 4:74** 그로 하여금 하나님의 길에서 성전케하여 내세를 위해 현세의 생명을 바치도록 하라. 하나님의 길에서 성전하는 자가 살해를 당하건 승리를 거두건 하나님은 그에게 크나큰 보상을 주리라.
>
> **Q 4:89** 너희도 불신자가 되기를 원하며 너희가 그들과 같이 되기를 바라거늘 너희는 그들이 하나님을 위해 떠날 때까지 그들 가운데 어느 누구도 친구로 택하지 말라. 그럼에도 그들이 배반한다면 그들을 포획하고 그들을 발견하는 대로 살해할 것이며 친구나 후원자를 찾지 말라.
>
> **Q 4:101** 여행 중에는 예배를 단축해도 되나 이때는 불신자들의 공격이 있을까 너희가 염려될 때라. 실로 불신자들은 확실한 너희의 적이라.
>
> **Q 5:51** 믿는자들이여(무슬림), 유대인과 기독교인들을 친구로 그리고 보호자로써 택하지 말라.
>
> **Q 7:166** 그들이 (유대인들 혹은 불신자들) 그들의 무례함으로 금기된

---

11 David Zeidan, *Sword of Allah*(GA: Gabriel Publishing, 2003), 56.

것을 넘어서니 원숭이가 되어 증오와 저주를 받을 것이라는 말씀이 있었
거늘

Q 8:12b 내가 불신자들의 마음을 두렵게 하리니 그들의 목을 때리고
또한 그들 각 손가락을 때리라.

Q 9:5 금지된 달이 지나면 너희가 발견하는 불신자들마다 살해하고
그들을 포로로 잡거나 그들을 포위할 것이며 그들에 대비하여 복병하라.

Q 47:4 너희가 전쟁에서 불신자를 만났을 때 그들의 목들을 때리라.
(살해하라) 너희가 완전히 그들을 제압했을 때 그들을 포로로 취하고 그
후 은혜로써 석방을 하든지 아니면 전쟁이 종식될 때까지 그들을 보상금
으로 속죄하여 주라. 그렇게 하라. 너희에게 명령이 있었노라. 하나님께
서 원하셨다면 그들에게 응벌을 내렸을 것이라. 그러나 그 분은 너희로
하여금 성전하도록 하였으니 이로 하여 너희를 다른 자들에게 비유하여
시험코자 하심이라. 그러나 하나님의 길에서 살해된 자 있다면 그분은 그
의 행위가 결코 손실되지 않게 하실 것이라.

Q 59:2 성서의 백성들 가운데 불신자들을 (유대인) 모아 그들의 주거
지로부터 최초로 추방케 하신 분은 바로 하나님이시라.

Q 61:4 실로 하나님은 하나님의 명분을 위하여 대열에 서서 견고한 건
물처럼 자리를 지키며 성전에 임하는 자들을 사랑하시니라.

5. 피의 단층선

사무엘 헌팅턴은 이슬람의 폭력성에 대한 자세한 분석을 한 후에 다시 이
렇게 결론 짓는다:

"1990년대 초반 이슬람교도들은 비이슬람 교도들보다 집단 분쟁에 더
많이 연루되어 있었으며, 문명간 분쟁의 3분의 2에서 4분의 3이 이슬람
교도와 비이슬람 교도 사이의 싸움이었다. 이슬람의 경계선은 피에 젖어

있으며 그 내부 역시 그렇다. (나는 문명간 분쟁의 실태 조사에서 그런 판단을 내리게 되었다. 공평 무사한 모든 자료가 제공하는 양적 증가는 이 주장의 타당성을 결정적으로 입증한다.) 이슬람 교도에게 폭력 분쟁으로 치닫는 성향이 높다는 것은 이슬람 국가들의 군사화 정도에서도 엿볼 수 있다. 1980년대에 이슬람 국가들의 군사력 비율 (인구 천명당 군인의 수)과 군사 노력 지수(국부로 환산한 군사력 비율)는 다른 문명의 어느 국가보다도 크게 높았다. 이슬람 국가들의 평균 군사력 비율과 군사 노력 지수는 크리스트교 국가들의 약 2배였다. '이슬람과 전투성 사이에는 명백한 연관성이 있다'고 James Payne도 말하고 있다. 이슬람 교도는 또한 국제적 위기 상황이 벌어졌을 때 폭력에 의존하는 성향이 남달리 높아 1928년부터 1979년까지 그들이 연루된 총 142건의 분쟁 중에서 76건을 폭력으로 해결하려 들었다. 그 중 25건은 폭력이 분쟁을 처리하는 으뜸가는 수단이었으며, 51건은 이슬람 국가들이 다른 수단들과 병용하여 폭력을 사용하였다. 이슬람 국가들은 폭력을 구사할 때도 아주 강도 높은 폭력을 동원하여, 폭력이 사용된 분쟁 가운데 전면전 비율이 41%이고 38%는 대규모 충돌의 양상으로 나타났다. 이슬람교도의 호전성과 폭력성은 이슬람 교도도 비이슬람 교도도 결코 부정할 수 없는 20세기 후반의 엄연한 사실이다"12

이슬람에는 내재적으로, 역사적으로, 또 현재의 국제 관계 속에서도 호전적이며 끊임없이 충돌을 일으키고 있다는 것이 사실이다. 이러한 충돌은 필연적으로 복수심을 유발하게 되어 있으며 이것은 세속정부나 기독교계에게나 동일한 도전을 주고 있다.

---

12 사무엘 헌팅턴, 『문명의 충돌』, 이희재 역(서울: 김영사, 1997), 350-351.

6. 오사마 빈 라덴과 알카에다

오사마 빈 라덴은 그의 선전포고에서 무슬림으로서 그가 받은 상처를 근거로 강한 복수의 의지를 드러냈다. 그는 두 가지 용인할 수 없는 사건을 열거했다. 첫째는, 첫 번째 Qibla(메카의 카바 방향으로 예배를 드리는 것)를 했던 알악사 사원을 압달 아지즈 사우디 왕이 영국에 속아서 넘겨주었다는 것이다. 사우디 왕은 팔레스타인에서 싸우던 무자헤딘들이 지하드를 포기하게 하였고 결국 신성한 무슬림들의 성소를 이교도들에게 넘겨 주었다. 둘째는, 현재 무슬림의 거룩한 성소가 있는 사우디 아라비아에 이교도들이 진주하도록 허락하였다는 것이었다. 1990년 8월2일에 사담후세인은 쿠웨이트를 침공했었다. 이에 위협을 느낀 사우디 왕가는 미국에 도움을 요청했고 곧 미군이 사우디에 진주하기 시작했다. 그 해 9월 33살의 빈 라덴은 아프간 무자헤딘 지도자들과 함께 당시 사우디의 국방장관이던 술탄왕자에게 이슬람군대를 일으켜서 나라를 지킬 수 있는 제안서를 제출했다. 1989년에 아프가니스탄에서 사우디로 돌아왔던 빈 라덴은 그의 금욕적인 삶과 경건함으로 인하여서 상당한 지지를 얻고 있었다. 또한 그는 사담후세인이 탱크로 쿠웨이트를 침입했을 때, 이를 그 일년 전에 알카에다를 설립하며 구상했던 국제적인 이슬람 지하드 군대를 일으키는 기회로 여겼다. 그런데 그의 제안이 사우디 정부에 의해서 간단히 거절당하자 그는 충격을 받았다.[13] 1991년 5월 걸프전쟁 당시 4백명의 무슬림 퇴역 장성들, 기업가 및 뛰어난 교육자들이 탄원서를 제출하여 압제를 풀고 합당한 조치를 취할 것을 요구했지만 거절당했다. 또 1992년 7월에는 "Memorandum of Advice"를 왕에게 제출하여 사우디의 형편과 치유 방법을 조언했지만 이도 묵살 당했다. 오사마 빈 라덴은 이와 같은 평화로운 제안을 사우디 왕실이 묵살함으로 인해서 경건한 국민들이 무기를 들 수밖에 없게 했다고 주장했다.[14] 사우디 정부가 무슬림들

---

13 Jason Burke, *Al-Qaeda: The true story of radical Islam*(London: Penguin books, 2004), 136-137.

14 Roxanne L. Euben and Muhammad Qasim Zaman, *Princeton Readings in Islamist thought: Texts*

의 신성한 땅을 더럽혔다고 주장했던 그였기에 시오니스트-십자군 연맹에 대해서 지하드를 선포하는 이유는 다분히 종교적이었다. 선지자 무함마드의 죽음 이후로 무슬림에게 가해진 가장 심각한 위협은 거룩한 두 도시의 땅 (사우디 아라비아)이 이교도들에 의해서 점령당한 사건이라는 것이다. 그 땅은 이슬람의 집이요, 계시의 땅이며 신성한 카바가 있는 곳이고 모든 무슬림이 기도할 때 향하는 곳이기 때문이다.[15]

그는 무슬림 젊은이들에게 지하드를 위해 일어나라고 촉구하면서 그들에게 보장된 하디스의 약속을 그 보상으로 제시했다. 알라가 보장하는 순교자의 특권은 다음과 같다. "순교자의 피가 첫 번째 솟아 오를 때 용서를 받으며 낙원에서 그의 자리가 보인다. 순교자는 이맘의 보석으로 단장되고 아름다운 자들에게 장가들게 된다. 무덤에서 받는 시험을 통과하고 심판 날의 안전을 보장 받는다. 위엄의 왕관을 쓰고 세상과, 세상의 어떤 것보다 나은 루비를 받고 72명의 순결한 후리 (낙원의 아름다운 자)들과 결혼하며, 그가 자기의 친척 70명에 대해 탄원하는 것이 받아들여진다."[16] (아흐메드 알 티르미디의 믿을만한 진술)

또 그는 꾸란에 기록된 약속으로 젊은이들이 일어날 것을 촉구했다. "알라의 길에서 살해된 자가 있다면 그분은 그의 행위가 결코 손실되지 않게 하실 것이라. 알라는 그들을 인도하사 그들의 위치를 높여주시고 그들에게 알려준 천국으로 그들을 들게 하노라" (Q 47:4-6) "순교자들이 죽었다고 말하지 말라. 그들은 살아 있으되 너희들이 인식을 못하고 있을 뿐이라." (Q 2:154) 이처럼 그는 이스라엘과 미국에 대한 전쟁을 철저하게 종교적으로 인식하도록 하였고 그들이 지하드에 참전하는 것이 거룩한 신앙의 표현이라고 주장했다.[17] 오사마 빈 라덴은 그의 미국에 대한 선전포고의 마지막을 알라에

---

and contexts from al-Banna to Bin Laden(Princeton: Princeton University Press, 2009), 440-441.

15 Euben and Zaman, *Princeton Readings in Islamist thought*, 437.

16 Euben and Zaman, *Princeton Readings in Islamist thought*, 453.

17 Euben and Zaman, *Princeton Readings in Islamist thought*, 452.

게 드리는 기도로 마친다.

"우리 주님, 진실한 이슬람 학자들과 경건한 젊은이들이 감옥에서 풀려나게 해 주십시오. 알라여, 그들과 그들의 가족들에게 힘을 주소서.

우리 주님, 십자가의 백성들이 그들의 군대와 함께 두 거룩한 도시의 땅을 점령했습니다. 시오니스트 유대인들이 알라의 사도의 승천하시는 길이었던 알 악사 사원에서 장난치고 있습니다. 우리 주님, 그들의 모임을 깨뜨리시고 그들이 나뉘게 하시며 그들이 서있는 땅을 흔드십시오. 우리로 그들을 통치하게 하십시오. 중략

우리 주님, 당신은 책을 계시하셨고 구름을 지휘하시며 연합군(ahzab)18을 패퇴시켰으니 원수들을 무찌르시고 우리로 승리하게 하십시오.

우리 주님, 당신은 우리를 돕는 자이시고 우리를 이기게 하시는 분이십니다. 당신의 능력으로 우리가 움직이고 당신의 능력으로 우리가 싸웁니다. 우리는 당신을 의지하오며 당신이 우리의 대의입니다."[19] 중략

오사마 빈 라덴의 행동과 주장이 철저히 종교적이며 또한 이스라엘과 서구 및 기독교에 대한 복수심으로 가득 차 있다는 것을 알 수 있다. 그와 알카에다가 9·11 사태를 일으킨 것은 종교적이고 의도적이며 치밀한 계획 속에 이루어진 결과였다. 이와 같이 현재의 IS또한 치밀한 계산과 종교적 의도를 갖고 진행되고 있기에 조만간 사라지거나 일회성으로 그칠 것으로 예상되지 않는다. IS가 무너져도 이와 비슷한 형태의 또 다른 그룹들이 나타날 것이다. 이들은 전 세계에서 지속적으로 충돌할 것이고, 그들이 적으로 인식하는 상대에게 지속적인 공격을 할 것이기에, 이들에 대한 반격 역시 복수와 증오를 포함하여 지속적으로 일어날 것이 자명하다. 미국을 비롯한 세속 정부는 이들을 "테러집단"으로 규정하고 이들에 대한 공식적인 전쟁을 선포했

---

18 Q.33의 제목으로 주후 657년 트렌치 전투에서 이슬람을 공격하는 연합군을 의미했다.
19 Euben and Zaman, *Princeton Readings in Islamist Thought*, 458-459.

다. 이것은 세속국가로서 당연히 취해야 하는 태도로 보인다.

7. 원수시편

그렇다면 그리스도인인 우리는 여러 형태로 충돌해 오며 분노와 증오를 일으키는 대상을 어떻게 대해야 하는 것일까? 빈 라덴의 기도는 일부 시편의 기도와 비슷한 내용을 담고 있다. 곧 원수에 대한 신의 응징을 탄원하는 것이다. 이러한 시편을 "원수시편" 혹은 "복수시편"이라고 하는데, 이들은 전반적인 성경의 자세나 하나님의 성품과 대치된다는 이유로, 오랫동안 예배 중에 이들 시편을 낭독하는 것에 대해 논란마저 있어 왔다. 몇 구절을 소개한다: 주는 모든 행악자를 미워하시며 거짓말하는 자들을 멸망시키시리이다(시 5:5-7); 내가 그들에게 보응하게 하소서. 이로써 내 원수가 나를 이기지 못하오니(시41:10-11); 그들이 급히 흐르는 물 같이 사라지게 하시며 … 소멸하여 가는 달팽이 같게 하시며 만삭되지 못하여 출생한 아이가 햇빛을 보지 못함 같게 하소서. .. 의인이 악인의 보복 당함을 보고 기뻐함이여 그의 발을 악인의 피에 씻으리로다(시 58:7-12); 주의 종들이 피 흘림에 대한 복수를 우리의 목전에서 이방 나라에게 보여 주소서. .. 그들의 품에 칠 배나 갚으소서(시 79:10-12); 여호와여 복수하시는 하나님이여… 교만한 자에게 마땅한 벌을 주소서. .. 그들의 죄악을 그들에게로 되돌리시며(시 94:1-2, 22-24); 멸망할 딸 바벨론아 네가 우리에게 행한 대로 네게 갚는 자가 복이 있으리로다. 네 어린 것들을 바위에 메어치는 자는 복이 있으리로다(시 137:7-9); 하나님이여 주께서 반드시 악인을 죽이시리이다(시 139:19-22).

여기에서 발견되는 구약의 하나님은 폭력적이며 파괴적이며 복수심에 찬 분으로 보이기에 현재의 우리들에게 매우 불편하고 놀랍게 느껴진다. 한편 많은 사람들은 종종 이러한 구절들을 근거로 자신들에게 해를 가했던 자들을 증오하거나 응징하는 자신들의 신앙을 합법화시키려 하기도 한다.

처음 IS가 나라를 선포하고 서구 기자나 비영리활동을 하는 사람들에게, 또 동료 무슬림들이나 기독교인들에게 행한 참혹한 소식을 접했을 때 그리스도인들은 그들의 잔인하고 반인륜적인 행태에 분노를 느꼈고 무엇인가 응징해야 할 필요를 느꼈다. 그래서 이와 같이 기도하는 것은 매우 자연스러운 반응이었고 성서적으로 보였다: "주님, 주님은 행악자들을 미워하시고 피흘리는 자들을 싫어하시니 IS 대원들을 멸망시켜주십시오. 그들을 급히 흐르는 물 같이 사라지게 하시고 소멸해 가는 달팽이와 같게 해 주십시오. 우리로 악인의 보복 당함을 보고 기뻐하게 해 주십시오. 그들이 있는 본부를 그 기초까지 헐어버리시고 그들이 행한 대로 그들에게 갚아 주십시오. 잔인한 행위로 무고한 사람들을 살해하고 있는 그들이 바위에 메어쳐지게 해 주십시오."

그런데 뭔가 불편했다. 자신들의 성소를 점령하고 자신들의 성스러운 땅에 발을 디딘 이교도들을 향해서 복수심을 불태우며 "알라는 위대하시다" 라고 외치는 이슬람 전사들의 외침과 그들의 기도는 그리스도인들이 참수를 당하고 교회가 불태워진 후에 부르짖는 기도와 크게 다르지 않았다. 이슬람은 폭력적이라고 비난하면서 기독교는 사랑과 평화의 종교라고 주장하는 그리스도인들의 반응과 하나님께 드리는 기도의 내용이 IS와 특별하게 구별되지 않았다.

폭력을 사용하는 것에 대한 구약성경의 메시지는 분명하다. 폭력을 사용하는 자는 종이 되고 저주를 받아 흩어진다는 것이다. 가장 대표적인 사건은 세겜이 자신들의 누이 디나를 겁탈한 것에 대해서 레위와 시므온이 칼로 성읍을 기습하여 모든 남자를 죽이고 성읍을 노략한 것이다(창 34:25-27). 훗날 야곱이 죽기 전에 자녀들을 한 명씩 축복을 할 때 시므온과 레위에 대해서는 그들이 저주를 받을 것이라고 하였다(창 49:6-7).

율법의 중심에는 "원수를 갚지 말고 동포를 원망하지 말며 네 이웃 사랑하기를 네 자신과 같이 사랑하라"(레 19:18)는 말씀이 있다. 원수에 대해서도 공의롭고 선하게 대해야 한다는 것은 구약의 전체적인 흐름이다. 심지어 원수의 소유된 짐승이 길을 잃었으면 반드시 그 주인에게 돌려주어야 했고(출

23:4), 원수가 배고파하거든 음식을 먹이고 목말라하거든 물을 마시게 하라고 했다(잠 25:21).

예언자들은 압제하는 이방 민족들을 위해 축복하고 기도하는 것 때문에 자기 동족으로부터 핍박을 받았다. 예레미야는 포로로 끌려가는 유대인들에게 "너희가 사로잡혀 가게 한 그 성읍의 평안을 구하고 그를 위하여 여호와께 기도하라"(렘 29:7)고 하였다. 선지자 에스겔은 자신이 포로로 잡혀 있던 곳에서 여호와 하나님께서 말씀하신 것을 들었다. "내가 어찌 악인이 죽는 것을 조금인들 기뻐하랴"(겔 18:23)

무엇보다도 납득하기 어려운 것은 선지자 요나에 대한 것이다. 이스라엘 북왕국 여로보암 2세 때에 활동했었던(BC 8세기) 요나는 여로보암 2세의 영토확장에 대해서 예언했었다(왕하 14:25). 이 당시 이스라엘의 종교적, 도덕적, 사회적 범죄 상황은 심각했다. 가난하고 약한 사람들을 배려하는 사회적인 정의가 없었고 아버지와 아들이 한 여인과 관계하는 도덕적 타락이 있었다. 성전 안에서의 방자함은 심각했다(암 2:6-8). 동 시대에 이스라엘과 유다를 위협하던 앗시리아는 이보다 훨씬 더 많이 타락했을 뿐만 아니라 그들의 폭력상은 심각했다. 앗슈르바니팔의 궁전에 남아있는 벽화에 그려진 그림은 그들이 얼마나 잔인하게 포로를 다루었는가를 보여 준다. 하나님께서는 이와 같은 앗수르가 망하는 것을 원하시지 않았다. 그래서 선지자 요나를 보내서 인구 12만명의 큰 성이었던 니느웨가 회개하도록 하셨다. 앗수르는 폭력을 사용하고 있는 중근동의 맹주 국가였다. 그들은 하나님의 백성들을 학대했고 여호와를 경배하며 여호와의 이름을 섬기는 이스라엘을 멸망시켰다. 오히려 그들에게 복수해야 할 하나님께서는 이들이 회개하도록 선지자를 보내셨다. 오늘날 IS가 영향을 미치고 있는 영토가 대략 앗시리아의 영토와 비슷한 것을 보면 묘한 느낌이 든다.

8. 원수시편에 대한 해석

당황스러운 것은 복수시편이나 원수시편이 보여 주는 폭력성으로 인해서 성경이 복수하는 것을 정당화하는 것처럼 보이는 것이다. 시편을 깊이 연구 했었던 독일 뮌스터 대학의 구약학 교수인 에리히 쨍어(Erich Zenger)는 이 문제를 주의 깊게 다루면서 다음과 같이 언급했다: "우리는 교회 역사에서, 무엇보다도 선교의 상황에서 전쟁과 멸망에 관한 성서의 본문을 근본주의적 관점에서 해석함으로 오류를 범했다. 예를 들면 남아프리카와 라틴아메리카의 원시종교를 기독교적관점에서 충격적이고 사탄적인 종교로 해석해 왔는데 이에 대한 근거를 성서 본문이 제시해 주고 있다고 생각했다. 즉 성서적 하나님의 계명에 따라 이 대륙의 종교는 파괴의 대상이 되어도 좋다고 이해한 것이다. 신7장은 한편으로는 이스라엘에 대한 하나님의 사랑을 보여 주지만 또 한편으로는 멸망을 예고하는 충격적인 본문이다."[20]

그는 근본주의적 성서절대주의를 넘어서 본문들을 하나님의 계시로 들을 수 있는 책임 있는 신학적 방법이 무엇인가를 열거했다. 그는 성경의 개별적인 본문과 오늘날 우리가 읽고 있는 것 사이에는 매우 다양한 간격이 형성되어 있고 이것은 구약이나 신약에 동일하게 해당된다고 말한다. 따라서 본문들은 시간을 초월한 진리라고 할 수 없고 오히려 전체적으로 특별한 사회적, 종교적 상황 속에서 형성되었다고 이해되어야 한다는 것이다. 성경의 본문은 언제나 성경 전체 속의 부분이기에 개별적인 본문들만으로 절대화될 수 없고, 언제나 다른 본문과 동일한 주제로 대화를 나눌 수 있어야 한다고 주장한다. 개별적인 본문의 의미는 공동체의 신앙과 삶의 정황으로부터도 해석될 수 있기 때문에, 동일한 본문이 유대교와 기독교에서 서로 다른 계시의 균형을 가질 수도 있게 되는 것이다. 따라서 엄밀히 말하자면 성경의 개별

---

20 에리히 쨍어, 『복수의 하나님?-원수시편 이해』, 이일례 옮김(서울: 대한기독교서회, 2014), 225. 참고. "네 하나님 여호와께서 너를 인도하사 네가 가서 차지할 땅으로 들이시고 … 그때에 너는 그들을 진멸할 것이라. 그들과 어떤 언약도 하지 말 것이요 그들을 불쌍히 여기지도 말 것이며, 또 그들과 혼인하지도 말지니… 오직 너희가 그들에게 행할 것은 이러하니 그들의 제단을 헐며 주상을 깨뜨리며 아세라 목상을 찍으며 조각한 우상들을 불사를 것이라"(신 7:1-5).

본문은 하나님의 계시가 아니며, 성경은 전체로서 하나님의 계시라고 주장한다.

그는 이러한 배경 속에서 "원수시편" 혹은 "복수시편"들이 이해되어야 한다고 말한다., 이러한 시편의 부분들은 매일 발생하는 폭력과 테러를 무해하다고 하거나,(어거스틴은 알레고리적인 해석을 통해서, 또 본 회퍼는 십자가의 영성을 통해서 폭력성을 무마시키고자 했다.) 혹은 위협과 폭력에 의한 인간의 고통을 부차적인 것으로 간주함으로 공적인 예배에서 오직 영성만을 강조하는 경향과는 달리, 우리를 폭력의 실체 앞에, 고난의 원인에 대한 질문 앞에, 무엇보다도 하나님의 심판 앞에 대면시킨다. 동시에 이 시편들은 우리에게 우리 스스로가 폭력적이며 죄인인 것을 드러낸다. 우리가 사는 이 세상에는 고난이 존재한다는 것을(고난의 원인이 죄라는 것을) 드러낸다. 그러한 고난의 상황 속에 이 시편들은 고난 당하는 자들에게 인간의 저항, 탄원 그리고 절대자의 도움을 바라는 외침이 필요하다는 것을 보여 준다. 하나님께서는 고난과 관련하여 우리를 만나 주시며 그의 계시를 들려 주시는 분이시라는 것을 이 시편을 통해 보여 주신다. 그러므로 이 시편들은 압제 당하는 희생자들이 탄원하고 부르짖는 것은 정상적인 것이지만 그들 스스로 원수 갚는 가해자가 되려 하면 신성모독자가 된다는 사실을 자동적으로 알려준다.

이 시편들은 사회 속에 존재하는 폭력의 가능성을 폭로하고 이 세계의 분노를 통렬하게 표현하고 있다. 그러나 이 시편들은 사람들의 분노를 선동하는 것이 아니라 오히려 인간과 세상에 대한 분노 자체이다. 이 시편을 통해 사람들은 분노 속에서 하나님과 대면할 수 있다. 이 시편들은 폭력에 대한 반응으로서 또 폭력을 극복하기 위한 방법으로서 폭력을 포기할 것을 언급한다. 공의와 평화의 하나님 나라의 도래를 통해서 종말이 올 것을 알려주는 성경의 본문과 이 시편들은 나란히 존재한다(즉 동일한 사상을 공유하고 있다는 뜻-편집자 주).[21]

---

21 쨍어, 『복수의 하나님? -원수시편 이해』, 228-233.

9. 선으로 악을 이기라

사도 바울은 로마의 성도들이 현재 그들이 받고 있는 핍박과 불의에 대해서 그리스도인으로서 어떻게 살아야 할 것을 가르쳤다. 특히 로마서 12장 17절에서부터 21절까지 이 문제를 다룬다: "아무에게도 악을 악으로 갚지 말고 모든 사람 앞에서 선한 일을 도모하라. 할 수 있거든 너희로서는 모든 사람과 더불어 화목하라. 내 사랑하는 자들아, 너희가 친히 원수를 갚지 말고 하나님의 진노하심에 맡기라. 기록되었으되 원수 갚는 것이 내게 있으니 내가 갚으리라고 주께서 말씀하시니라. 네 원수가 주리거든 먹이고 목마르거든 마시게 하라. 그리함으로 네가 숯불을 그 머리에 쌓아 놓으리라. 악에게 지지말고 선으로 악을 이기라."

바울은 9절부터 16절까지는 믿는 자들 안에서 어떻게 관계를 가져야 하는지를 설명했다. 그리고 이제 17절부터는 믿지 않는 자들 특히 믿는 자들을 불의하게 대하며 핍박하고 믿는 자들에게 폭력을 사용하는 사람들을 어떻게 대해야 하는가를 설명한다. 바울은 두 가지 태도를 설명하는데 첫째로는 믿는 사람들이 하지 말아야 하는 것을 17절에서 19절까지 가르치고, 둘째로 믿는 사람들이 해야 할 것을 20절에서 가르친다. 그것이 21절에 기록된 선으로 악을 이기는 방식이다.

예수님은 이미 악한 자를 대적하지 말라고 하셨다.(마 5:39) 오히려 주님은 원수를 사랑하며 박해하는 자를 위하여 기도하라고 하셨다.(마 5:44) 베드로 사도 또한 같은 메시지를 전달한다. "악을 악으로, 욕을 욕으로 갚지 말고 도리어 복을 빌라"(벧전 3:9).

위에 언급된 신약 성경의 기록을 통해서 악을 행하는 사람에 대한 반응으로 몇 가지 결론을 유도할 수 있다. 첫째는 직접 원수 갚는 것을 금했다. 분명한 이유를 갖고 있을지라도 원수 갚기 위해 직접 무기를 드는 행위는 오히려 하나님의 주권과 또 심판하는 권세를 갖고 있는 하나님을 인정하지 않는다는 것이다. 둘째는 원수를 사랑하고 기도하라고 한다. 용서하는 행위는 내적인 변화이다. 용서하기로 마음을 정하고 하나님께 기도하기 전에는 용서의 행위가 외면화 되어지지 않는다. 셋째는 참고 견디며 기도하고 있는 것에 머무르지 말라고 하신다. 도리어 먹이고 마시게 함으로써 원수의 필요를 채워주라고 하신다.

10. 교회사 속에서 나타난 증거

선으로 악을 이기는 일은 실제로 가능한가? 이것은 너무 높은 도덕적 경지이기에 현실적으로 불가능한 것인가? 그렇지 않다. 믿음의 선배들은 실제로 이 말씀을 따라 살아내었던 것이다. 교회사 속에 나타난 몇 가지 예를 살펴보고자 한다.

1) 초대 교회의 빠른 복음의 확장은 핍박에 대해서 의연한 반응을 보였던 사람들을 통해 일어났다. 스테판 닐은 그의 교회사 연구에서 신속한 복음 전파의 괄목한 현상이 어떻게 가능했을까를 언급한다. 특히 복음을 전파시킨 요소가 무엇이었는가를 파악하며 네 가지를 말한다. 첫째는 초기 그리스도인들을 사로잡고 있었던 불붙는 복음에 대한 확신이다. 두 번째는 만물의 무상함과 영생에의 갈망으로 괴로워하며 애매하고 망막한 철학적 신화적 답변에 목말라 하던 사람들에게 확신 있는 부활과 죄의 용서에 대한 메시지 때문이었다. 셋째는 그리스도인 집단들이 살고 있던 순결한 삶 때문이었다. 성적 방종, 인간 생명 경시의 사회 속에서 공동체 안에서의 평등, 충성의 삶과 그들의 자선활동은 큰 감동을 주었다. 네 번째로 핍박에 대해 그리스도인들이 보여 준 태도 때문이었다고 말한다. 핍박 앞에서 그들의 고요하고 품위를 갖춘, 예절 바른 행동들, 고문을 앞에 두고도 냉정을 잃지 않는 용기, 원수들을 대하는 예절 그리고 고난을 하늘 왕국으로 인도하기 위해 주님이 예비하신 길로 알고 기쁘게 받아들이는 태도였다.[22]

---

22 스티븐 닐일, 『기독교선교사』, 홍치모, 오만규 공역(서울: 성광문화사, 1980), 44-50.

2) 교회사 속에서 두드러지는 사건은 주후 5세기 아일랜드를 복음화했던 패트릭을 통해 일어났다. 그는 로마제국의 영토였던 브리튼에서 태어났다. 그는 3대째 기독교인 집안에서 자랐다. 아버지는 집사였고 할아버지는 장로였다. 안락한 기독교인 가정에서 자라던 그는 약 16세 즈음에 로마제국 변방의 느슨한 경비로 인해서 침입해 들어온 아일랜드 노략꾼들에 의해서 포로로 잡혀갔다. 최소한 6년동안 노예로 있으면서 그는 양치는 목동으로 일했다. 아마도 외로움과 고달픈 삶으로 인해서 그의 신앙은 깊어졌고 그는 밤과 낮으로 기도에 열중했다. 그에게 소망을 주는 꿈을 계속 꾸었고 해안 길을 통해 고향으로 돌아갈 궁리를 하게 되었다. 탈출 이후 그의 삶에 대해 정확한 기록이 없지만 아마도 고올 남쪽 해안지방의 수도원에서 몇 년을 보낸 것으로 추정한다. 결국 그는 고향 집에 돌아왔고 마치 죽은 자가 살아 온 것과 같은 대접을 받았다. 그는 다시 꿈을 꾸었는데 마치 편지와 같은 형식으로 온 것이었다: "아일랜드 사람들의 요청: 우리는 자네를 원하네. 거룩한 젊은이여, 다시 와서 우리와 함께 거니세." 이 부르심에 응하여 패트릭은 자신을 노예삼고 가두었던 아일랜드로 돌아갔다. 그는 믿는 사람들이 하나도 없던 북쪽 지역으로 나아가서 수천의 사람들에게 세례를 주었고 그들 가운데 성직자를 임명했으며 수도원을 만들어서 수 많은 남녀가 수도원에 들어오도록 하였다.[23]

3) 라몬 룰 (Ramon Lull)은 1235년경에 마조르카 섬에서 태어났다. 이때는 이 섬이 무슬림 사라센인들의 손에서 십자군이 탈환된 지 겨우 5년이 되던 해였다. 그는 무슬림들에 대한 적개심이 가득한 분위기 속에서 자랐다. 30세가 되기까지 룰은 여자의 비위나 맞추는 경박한 일개 시인에 불과했다. 그는 갑자기 세 차례나 반복하여 그리스도의 환상을 보았고 그 이후 50년동안 지칠 줄 모르고 주님을 섬겼다. 그는 십자군이 주님이 십자가에서 갖고 계셨

---

23 Kenneth Scott Latourette, *A History of Christianity, Vol 1*(San Francisco: Harper SanFrancisco, 1975), 101-102; Dale T. Irvin, Scott W. Sunquist, *History of the World Christian Movement*(NY: Orbis, 2001), 236.

던 용서와 화해의 마지막 말씀을 가졌더라면 세상을 구할 수 있었을 것이라고 생각했다. "나는 수 많은 기사들이 바다 건너 성지로 건너가는 것을 보았다. 그들은 무기의 힘으로 그 땅을 얻을 수 있을 것이라고 생각하는 것 같았다. 그러나 그들은 자신들이 얻을 수 있으리라고 보는 것을 얻기 전에 모두 파괴되고 말았다. 성지는 주님과 주님의 사도들이 사랑과 기도와 눈물과 피로 얻었던 방법이 아니고는 얻을 수 없을 것이다"[24] 그는 무슬림의 복음화를 위해서 세가지가 필요하다고 생각했다. 첫째는 사라센 언어에 대한 폭넓고 정확한 지식이다. 그 자신이 아랍어를 배우기 위해 아랍인을 노예로 고용하고 그로부터 아랍어와 이슬람에 대해 배웠다. 그의 노력을 통해서 로마, 볼로냐, 파리, 옥스포드, 살라망카 등 세계의 유수한 5개 대학에 동양어를 가르치는 단과대학을 설립하기로 하였다. 두 번째는 그리스도교의 진리가 필연적인 이치임을 밝혀 놓은 책을 내는 일이었다. 세 번째는 생명을 잃는 한이 있더라도 사라센 주민들 가운데서 충성스럽고 용감하게 증거하겠다는 자발성이었다. 그 자신이 80세가 되어서 네 차례 북아프리카를 방문하여 복음을 전했다.[25] 첫 번째 여행에서 그는 튀니지에 가서 무슬림 학자들을 만나게 되었는데, 그는 만일 무슬림 학자들이 자신을 설득하여 그들의 종교에 대한 확신을 주면 자신이 무슬림으로 개종하겠다고 말했다. 그러나 며칠이 지나서 오히려 무슬림들 가운데 몇 사람이 그리스도를 믿는 것을 보고 이맘과 도시의 지도자들은 위협을 느꼈다. 그들은 술탄에게 가서 룰을 가두고 참수해야 한다고 고발했다. 룰을 아깝게 여긴 몇몇 지도자들의 도움으로 그는 감옥에서 풀려났고 배를 타고 유럽으로 돌아갈 수 있었다. 그는 1315/16년에 다시 알제리의 부기(Bougie)에서 복음을 전하다가 성난 군중들로 인해 결국 순교하게 되었다. 라몬 룰은 십자군전쟁이 모든 도시를 덮고 있던 시기에 자신의 원수였던 무슬림들을 사랑하기로 결심하고 그 무슬림들을 위해 자신의 모

---

24   J. Scott Bridger, "Raymond Lull: Medieval Theologian, Philosopher, and Missionary to Muslims," St Francis Magazine, Vol. V, No.1 (Feb 2009).

25   스티븐 니일, 『기독교선교사』, 163-167.

든 생애를 바친 사람이었으며 그의 사랑에도 불구하고 무슬림들에 의해 순교 당한 사람이었다.

11. 우리 시대의 증거들: 무슬림과의 충돌을 선으로 이기는 그리스도인들

사도 바울은 악을 행하는 사람들을 위해 기도하고 오히려 그들을 위해 축복을 빌라고 하였다. 그들이 주리면 먹여주고 그들이 목마르면 마시게 하라고 했다. 나는 지금부터 오늘날 광범위한 지역에서 특히 무슬림이 대다수인 나라들 가운데에서 그리스도인으로 살고 있는 사람들 가운데 선으로 악을 이긴 증언을 기록하고자 한다.

1) 오늘날 분쟁으로 인해 곳곳에서 난민들이 발생하고 있다. 무슬림들의 호전성과 폭력성으로 말미암아 가장 고통을 많이 받는 사람들은 무슬림 자신들이다. 그들은 누구에게도 돌봄을 받지 못하고 있기에 이들을 돌보는 것은 교회와 그리스도인들의 책임이기도 하고 기회이기도 하다.

하루 일과를 마치고 퇴근하기 위해 바그다드의 한 교회 문을 나서던 아브라함 목사(가명)는 교회를 지키고 있던 경찰들에 둘러 쌓여 몸 수색을 받는 무슬림 여인을 발견했다. 파리한 얼굴에 눈은 초점을 잃고 신발을 신지 않은 채 서있는 무슬림 여인을 본 목사님은 경찰들에게 여인을 풀어달라고 부탁했다. 이미 몇몇 기독교 교회에서 폭탄 테러가 있었고, 바로 얼마 전에도 가톨릭 성당에서 미사 중에 무슬림 테러범들이 들어와 성도들과 미사를 집도하던 신부님을 잔인하게 살해하고 성당 안을 피로 물들인 사건이 있었다. 이로 인해 정부는 모든 기독교 예배 처소마다 경찰을 배치하고 접근하는 사람들을 검색하도록 하였다. 목사님의 부탁에 경찰들은 마지못해 여인을 풀어주었고 목사님은 여인에게 어디 사는 분인지를 물었다. 그녀가 살고 있다고 대답한 지역은 바그다드 외곽으로 교회에서 상당히 먼 거리에 있는 곳이었다. 왜 여기에 왔냐고 묻자 그녀는 힘없이 자신이 교회를 찾아온 경위를 설명했다. 남편은 다른 무슬림에 의해서 피살되었고 위험을 피해 아이들과 함께 무조건 바그다드 쪽으로 도망을 나온 그녀는 매일 아이들을 먹일 끼니를 얻어야 했다고 한다. 이제는 더 이상 팔 수 있는 것도 없고 벌써 며칠 째 아이들 먹일 것을 찾지 못하고 있던 중에 사람들에게서 교회에 가면 먹을 것을 얻을 수 있다는 얘기를 듣고 오전에 길을 나섰다 는 것이었다. 목사님은 얼른 교회로 들어가 교회에 있던 밀가루와 기름과 설탕을 있는 데로 자루에 넣었다. 그리고 주머니에 있는 돈을 털어서 여인의 손에 쥐어 주고 택시를 잡아서 그녀가 자기 있는 곳으로 돌아갈 수 있도록 하였다. 그녀의 주소를 확인하고 다음에 그녀를 방문하겠다고 하였다. 이것을 다 보고 있던 무슬림 경찰이 목사님께 물었다. "여자들이 옷 속에 자살 폭탄을 숨겨 들어올 수 있어서 매우 위험한 데 무슨 연유로 그 여자를 의심하지 않고 받아들였습니까?" 목사님은 빙그레 웃으며 그에게 대답했다. "저는 보면 알지요." 경찰은 다시 물었다. "그들은 무슬림이지 않습니까? 당신은 기독교인이고. 그런데 어째서 그들을 도와줍니까?" 목사님은 다시 교회로 들어가서 아랍어 성경책 한 권을 들고 나왔다. 그리고 그 경찰에게 성경을 주며 몇 군데를 표시해 주었다. 그 부분을 읽고 질문이 나면 다시 얘기를 하자고 했다.

바그다드와 인근에는 2015년 현재 이와 같은 과부와 고아가 2백만명이 살고 있다. 그들의 삶은 비참하고 아이들은 학교에 갈 수 없으며 매일의 양식을 걱정해야 한다. 수니와 시아 사이의 내전, IS에 의한 점령, 쿠르드족들의 독립 등 산적한 문제에다 관료들의 부패로 인해서 정부는 고통 받는 국민들을 위해 무엇을 해야 할 지 대책이 없다. 실제 바그다드에서 비영리 단체를 운영하며 길거리의 아이들을 돌보는 한 책임자는 현재의 형편을 이렇게 설명했다. "무슬림 테러 단체들이 조직적으로 접근하는 사람들은 길거리의 아이들입니다. 그들은 보호하는 사람들도 없거니와 어차피 재미있는 일이나 먹을 것이나 미래가 없기 때문에 그들을 유혹해서 데려가는 것은 매우 쉬운 일입니다." IS 가 이라크 북쪽에 있는 모술을 점령했을 때 많은 난민이 바그다드 쪽으로 내려왔다. 최근에 IS는 서부 안바르 지역을 점령했고, 그 지역에 살고 있던 사람들이 또다시 바그다드를 통과해서 다른 곳으로 피난을 가거나 아니면 바그다드 인근에 정착하여 살고 있다. 이들에 대해서 아브라함 목사님은 이런 메일을 보내왔다: "오래 전부터 서부 안바르 주에 복음을 전하고 싶었지만 너무 위험해서 접근을 할 수 없었습니다. 우리는 오랫동안 기도해 왔습니다. 그들에게도 복음을 전할 수 있도록, 또 그들을 만날 수 있도록 기도해 왔습니다. 그런데 지금은 그들이 우리에게 다가 오고 있습니다. 지금 그들은 우리의 도움이 절실합니다. 식량, 약품, 성경이 필요합니다."

무엇보다도 교회의 역할은 폭력과 압제로 인해서 고통을 받고 있는 사람들을 그들의 종교적 배경이나 인종적 배경에 관계없이 돕는 일이다. 폭력에 노출된 아이들은 심각한 정신장애를 겪기도 한다. 벌써 7년째 교회에 다니고 있는 십대 소녀가 히잡을 쓰고 성경책을 든 채 밝게 말한다. "저는 교회가 너무 좋아요. 성경을 계속 배우고 싶어요."[26]

2) 충돌로 인해 증오와 복수가 가득 찬 곳에서도 그리스도의 복음이 전해지고 있다. 지금 소개하는 내용은 필자가 직접 오마르 형제와(가명) 인터뷰하며 알리의(가명) 사진을 보면서 들은 내용이다. 그들의 안전을 위해 본명과 구체적인 지역은 소개하지 않는다.

터키에는 현재 시리아, 이라크, 이란에서 나오는 난민들의 큰 집단이 있다. 터키는 인구의 98%가 무슬림인 국가이기는 하지만 세속 헌법을 갖고 있어서 주변국에서 난민으로 도망 나와서 터키에 거주하고 있는 사람들에게는 종교적으로 비교적 자유로운 나라이다. 터키에서는 한동안 난민들도 직업을 갖고 정당하게 일할 수 있는 때가 있었지만 실업률이 높아지면서 터키 국민들의 압력으로 더 이상 난민들은 합법적인 직장을 가질 수 없게 되었다. 당연히 난민들의 생활이 어려워졌다. 난민으로 제 3국에 거주하고 있는 무슬림들은 대개 고향을 떠나면서 자신의 전통적인 가족이나 사회와 연결이 끊어진 사람들이다. 따라서 외롭고 새로운 연결에 대해서 열려있다. 더구나 같은 무슬림들 사이의 전쟁으로 인해서 혹은 무슬림 정부의 폭정으로 인해

재산과 가족을 잃은 사람들이 많다. 더러는 자신들도 생명의 위협을 느끼며 도망쳐 온 사람들이기에 이슬람에 대한 혐오가 깊다.

북수단에서 고등학교를 졸업하고 시리아에 유학을 떠났던 오마르 형제는 다마스커스에서 대학을 졸업하고 계속 시리아에 남아 있었다. 고향으로 돌아가는 것보다 시리아에서 일하고 생활하는 것이 훨씬 좋았기 때문이었다. 그러나 그의 체류 비자가 만료되고 불법으로 거주하는 것이 알려지면서 경찰의 쫓김을 당하게 되었다. 간신히 몸만 빠져 나와서 운 좋게 국경을 건너 터키에 이르게 되었다. 여러 과정을 거치면서 난민 신청을 하고 미국으로 건너갈 계획을 세웠다. 신청을 마치긴 했지만 언제 갈 수 있는지는 아무도 알 수 없었고 그 기간 동안 어떻게든 살아야 했다. 그의 삶이 극도로 어려웠을 때 한 부류의 사람들로부터 미화 삼백 달러를 받았다. 그들도 어려운 처지에 있는 사람들인 것을 알고 있는데 도움을 받고 난 뒤 그는 좀 궁금해졌다. 왜냐하면 그들은 그가 다마스커스에 있을 때부터 알던 사람들이었고 그때도 줄곧 자신에게 예수에 대해서 말하던 북아프리카 사람들이었기 때문이었다. 오마르는 시리아에서는 그들을 비웃기만 했었다. 그들도 터키에 나오게 되었는데 이 형제가 어렵다는 소식을 듣고 돈을 보내온 것이었다. 오마르 형제는 이들을 만나 이들이 모여서 예배한다는 곳을 처음 방문했다. 한마디도 알아 들을 수 없는 그들의 언어 가운데에 자주 들려오는 "사랑"이라는 아랍어를 알아들을 수 있었다. 이 사람들은 이 단어를 참 좋아하는구나 라고 생각했었다. 그렇게 가끔씩 아프리카인들의 모임에 찾아갔다. 드디어 신청했던 서류가 통과되어서 조만간 미국으로 갈 수 있게 되었다. 마지막으로 그들의 모임에 참석하려고 가서 앉아 있는 동안 음성이 들렸다. "손을 들어라" 주위를 돌아봤지만 말하는 사람이 없는데 그 음성이 계속 들렸다. 그는 손을 들었다. 그러자 갑자기 주변에서 사람들이 둘러싸고 자기 위에 손을 얹고 기도하기 시작했다. 나중에 안 것이지만 앞에서 말씀을 나누던 목사님이 회개에 초청하고 있었고 주님을 영접할 사람은 손을 들라고 했다는 것이다. 물론 이 말은 그들의 언어로 진행되었기에 오마는 무슨 일이 일어나고 있는 것인지 알지 못했다. 영문을 알지 못하고 기도를 받고 난 오마르는 집으로 돌아오는 길에 이상한 기분을 느꼈다. 담배가 싫어졌다. 갑자기 이유를 알 수 없는 기쁨과 충만함이 자신을 채웠다. 이때부터 이 형제는 성경을 읽기 시작하고 주님과 교제하기 시작했다. 주말이면 나이트 클럽을 가고 술을 마시는 것이 즐거움이었지만 더 이상 그런 곳에 가고 싶지 않았다. 그 곳에서 한 자매를 만나서 결혼을 하게 되었고 신앙이 자라면서 터키에 남아 자신처럼 떠도는 무슬림들을 돌봐야겠다는 마음을 갖게 되었다. 사람들의 도움을 받아 도시 중심부에 낡은 집을 임대했다. 주님은 초자연적인 방식으로 한 사람 한 사람씩 무슬림들을 오마르 형제에게로 인도해 주셨고 오마르 형제는 그들에게 예수님을 소개하고 성경을 가르쳐 주었다.

이라크에서 나온 바크르(가명)는 오마르의 친구였다. 바크르는 오마르가 변했다는 소식을 듣고 더구나 그가 기독교로 개종했다는 소식을 듣고 그를 다시 이슬람으로 돌아오게 해야겠다고 결심했다. 그는 같은 열정을 갖고 있던 알리와 함께 오마르를 찾아왔다. 이 두 사람은 계속 오마르를 설득했다. 오마르 형제는 그들의 얘기를 조용히 듣고 있다가 자기 안에서 성령님께서 말씀하시는 것을 들었다. 그리고 이들에게 들은 것을 말했다. "예수님께서 말씀하시기를 원수를 사랑하라고 하셨어." 바크르와 알리는 충격을 받은 듯 할말을 잊었다. 그들은 다시 오겠다고 한 뒤 나갔다. 며칠 후 그들은 다시 와서 오마르 형제를 설득했다. 오마르 형제는 같은 말을 반복했는데 잠시 바크르가 화장실을 간 사이에 알리는 오마르 형제의 손을 붙잡고 간곡히 부탁했다. "나도 너처럼 믿고 싶다." 알리는 그 때부터 오마르 형제에게서 한달 동안 성경을 배웠다. 한달 후 그는 침례를 받았다. 침례를 받던 날 그는 이라크로 돌아가게 되어 있었다. 원래 그는 모술 출신이었는데 그가 나와 있는 동안에 모술은 IS에 의해서 점령당했다. 간곡히 말렸지만 그는 모술로 돌아가야 한다고 했다. 그가 떠나고 얼마 동안 연락이 끊겼고 오마르 형제는 알리로 인해 마음에 근심하고 있었다. 어느 날 알리로부터 전화가 왔다. 너무 반가워하며 안부를 묻자 그는 이렇게 대답했다. "여기 무슬림들이 그렇게 신앙이 강하지 않아. 주변의 많은 사람들에게 예수님과 복음을 설명해 주었는데 몇 사람이 침례를 받고 싶어해. 침례는 어떻게 주어야 하지?" 그의 안전을 염려해 왔던 오마르는 전율을 느끼며 알리의 질문에 대답해 주었다. 알리는 지금도 모술 안에 있으면서 사람들에게 복음을 전하고 있다.

3) 무슬림들의 폭력으로 인해서 고난 받는 교회들은 그리스도인 공동체의 첫 번째 관심이 되어야 한다. 2013년 9월 22일, 파키스탄의 페샤와르에 있는 "온성도교회"에서 4백여 명의 성도들이 예배를 마치고 차를 마시며 교제를 하고 있던 때에 두 명의 자살 테러범이 저지른 테러로 인해 98명이 목숨을 잃고 144명이 부상을 당했다. 페샤와르는 북서 국경주의(North-West Frontier) 중심 도시로서 탈레반의 활동이 매우 활발한 곳이며 아프가니스탄과 국경을 근접하고 있어서 치안이 극도로 불안한 도시이다. 온성도 교회는 1883년 영국 CMS 선교사 토마스 휴즈에 의해서 세워진 131년 역사의 중요한 교회였다. 정마태 선교사는 1993년부터 2000년까지 이 교회의 협동목사로 사역을 해 왔기에 교회의 형편을 잘 이해할 뿐 아니라 사실상 이 교회의 성도들이 그의 양이었기에 이 사건으로 큰 충격을 받았다. 그는 사건 이후 위험 가운데에서도 현장을 방문하여 필요를 조사하고 세계 도처에서 헌금을 모아 성도들을 위해 사랑을 나누었다. 그는 40일동안 그들과 함께 머물면서 피해 가정들을 방문했다. 그들의 형편을 잘 듣고 세계교회에 알리는 역할이 필요했고 외부의 도움을 적절하게 분배해 주는 일도 필요했다. 정선교사는 그들을 방문하면서 그들이 테러를 범한 무슬림들을 용서할 수 있는가를 물었다. 그가 방문한 122가정의 93%가 용서할 수 있다고 대답하였다. 참 놀라운 일이다.[27]

그들 안에 여전히 그리스도가 다스리고 있음을 본다. 그러나 피해를 당한 교회들은 돌봄을 받아야 한다. 대개의 경우 이들은 짧은 관심 이후 쉽게 잊혀진다. 그러나 피해를 당한 당사자들은 하루 아침에 고아가 되기도 했고, 과부가 되기도 했으며 앞으로 살 길이 막막해 지기도 했다. 무엇보다 손과 발이 잘리고 심각한 장애를 동반한 채 평생을 살아야 한다. 누가 이들과 함

27 정마태, "그들에게서 용서를 배웠습니다", 『크리스채너티 투데이 한국판』, 2015년 1/2월호: 18-34.

께 있으면서 그들의 고통을 나눌 것인가?

4) 폭력으로 피해를 당한 사람들을 위해 그들의 육적인 필요가 채워지기를 구하고 실제로 돕는 일들은 무척 중요하다. 그러나 그들의 영적 성장을 위한 적극적인 기도와 양육 및 이러한 활동을 위한 효과적인 후원 역시 절실하다.

이드보라 선교사는 중동에서 활동하는 아프리카 그리스도인 디아스포라들과 동역하며 걸프지역의 무슬림들에게 복음을 전하고 있다. 그는 조금의 복음활동도 가능할 것처럼 보이지 않는 걸프지역의 무슬림 사회와 가정 속에서 가장 낮은 계급인 하녀로 일하는 아프리카 그리스도인 자매들과 그들을 돕는 아프리카 목사님을 통해서 어떤 일이 일어나고 있는가를 자세히 소개했다. "아프리카 디아스포라들이 아랍 가정에서 당하는 학대의 정도는 상상할 수 없을 정도다. 그들은 종종 임금을 받지 못하면서도 3-5년을 일한다. 성적인 학대도 흔하다. 많은 가정부들이 학대를 견디지 못하고 도망치다가 잡혀 감옥에 갇히기도 한다. 감옥에서 하루 종일 땅만 내려다보도록 종용 당하기도 한다."

"한 흑인 자매는 레바논 남부의 헤즈볼라 가정에서 일했다. 그 무슬림 가정은 그녀가 기도하기 때문에 그 가정의 일이 잘 되지 않는다고 트집잡으며 그녀를 계속해서 때리고 괴롭혔다. 그녀가 기도하는 것을 멈추지 않자 그녀를 무슬림으로 만들겠다며 무슬림 복장을 입혔다. 그녀의 성경책을 버리라고 해도 버리지 않자 그녀를 심하게 폭행했으며 피를 흘리고 있는 그 자매를 사막에 버려두고 떠났다. 기적적으로 두 사람의 남자가 피 흘리고 쓰러진 자매를 발견하고 레바논에서 이 하녀들을 영적으로 돌보고 있는 자매에게로 데려오게 되었다. 놀랍게도 그녀를 핍박하던 헤즈볼라 가정은 그녀를 쫓아낸 이후 계속 꿈에 예수님을 보게 되었고 결국 그들도 예수님을 영접하게 되었다."

"한 자매는 자신의 집주인이 염산을 끼얹어서 손에 큰 화상을 입게 되었다. 그녀에게 '왜 도망쳐 나와서 다른 일자리를 구하지 않느냐?'고 질문하자 그 자매는 이렇게 대답했다. '내가 그렇게 하면 그 무슬림 가정은 어떻게 예수를 알 수 있게 되겠어요?'"

이처럼 학대를 받고 고난 속에서도 그리스도를 증거하는 하녀들을 지속적으로 격려하고, 쫓겨 도망 나온 하녀들을 돌보기도 하며, 무엇보다도 그들의 영적 정체성을 하나님의 말씀으로 세워주고 있는 데이빗 목사는(그 자신도 북동 아프리카 출신이다) 아프리카 하녀들의 디아스포라 네트워크를 만들어 중동 여러 지역을 끊임없이 방문한다. 또한 그는 중동에 있는 아프리카 디아스포라 교회들에게 도전한다. '하나님께서 여러분들을 본토에서 떠나게 하시고 중동에 오게 하신 것은 무슬림들에게 여러분들을 사명자로 보내신 것'이라고 가르쳐 왔다. 처음에 반응이 없던 이들은 이제 자신들의 필요만을 구하지 않고 중동에서 역사하실 하나님의 추수를 위해 준비하며 기도하고 있다.[28]

12. 신과 인간

얼마 전에 감동적으로 보았던 한 영화가 생각난다. "신과 인간" 이라는 영화는 1996년 내전 중이던 알제리의 시골 수도원에서 있었던 실화를 바탕으로 만든 영화이다. 알제리 정부와 무슬림 반군의 싸움 속에서 나이든 프랑스 수도사들은 수도원을 떠나도록 압력을 받는다. 정부는 그들을 보호해 줄 수 없었고, 또 무슬림들이 그들의 생명을 실제로 위협하고 있었기 때문에 이들은 그곳을 떠나야 할 지 남아 있어야 할 지 결정을 내려야 했다. 결국 조여오는 현실의 위협 속에서도 마을과 수도원을 떠나지 않기로 결정해 가는 과정은 수도사이지만 한 인간으로서 자기 생명을 포기해야 하는 처절한 싸움이었다. 자신들을 거칠게 대하고 위협하는 무슬림들에 대해서 조차도 대상을 가리지 않고 동일한 친절함으로 베푸는 사랑, 자신들도 가난하고 단순한 삶

---

28 중동의 검은 진주, 전방개척선교, 제37집(2011): 24-38.

을 살고 있지만 자신에게 있는 것들을 기꺼이 마을 사람들과 심지어 반군에게도 나눠주는 삶, 일부러 정부군의 도움을 거절하고 오직 하나님께만 자신들을 의탁하며 위기의 순간에 예배와 찬양으로 두려움을 극복하는 모습은 압권이었다. 결국 그들은 다른 무슬림 반군에게 납치되고 7명의 늙은 수도사들은 모두 죽임을 당했다. 비록 그들은 죽임을 당했지만 명백하게 선으로 악을 이기는 승리를 보여 주었다.

● **참고문헌**

2014년 아브라함 목사님과의 인터뷰

Zeidan, David. Sword of Allah. GA: Gabriel publishing, 2003.

Kepel, Gilles. The war for Muslim Minds. London: The belknap press of Harvard University press, 2006.

Bridger, J. Scott. "Raymond Lull: Medieval theologian, philosopher, and missionary to Muslims," St Francis Magazine. Vol. V, No.1(Feb 2009)

Burke, Jason. Al-Qaeda: The true story of radical Islam, London: Penguin books, 2004.

Latourette, Kenneth Scott. A History of Christianity, Vol 1. HarperSanFrancisco, 1975

Irvin, Dale T., Sunquist, Scott W. History of the World Christian Movement. NY: Orbis, 2001.

Euben, Roxanne L. and Zaman, Muhammad Qasim. Princeton Readings in Islamist thought (Texts and contexts from al-Banna to Bin Laden). Princeton: Princeton university press, 2009.

The Economist, June 6th 2015

버나드 루이스. 『중동의 역사』. 서울: 까치, 1998.

사무엘 헌팅턴. 『문명의 충돌』. 이희재 역, 서울: 김영사, 1997.

스티븐 니일. 『기독교선교사』. 홍치모. 오만규 공역, 서울: 성광문화사, 1980.

에리히 쨍어. 『복수의 하나님? - 원수시편 이해』. 이일례 역, 서울: 대한기독교서회, 2014.

중동의 검은 진주, 전방개척선교, 제37집(2011): 24-38.

정마태, "그들에게서 용서를 배웠습니다", 『크리스채너티 투데이 한국판』, 2015년 1/2월호: 18-34.

http://www.al-monitor.com/pulse/originals/2015/02/azhar-egypt-radicals-islamic-state-apostates.html#

http://www.bbc.com/news/world-middle-east-31125835

http://www.nytimes.com/2015/02/02/world/departing-from-countrys-pacifism-japanese-premier-vows-revenge-for-killings.html?_r=0

http://www.reuters.com/article/2015/02/16/us-mideast-crisis-libya-egypt-idUSK-BN0LJ10D20150216

https://www.foreignaffairs.com/articles/united-states/1993-06-01/clash-civilizations

https://www.stratfor.com/weekly/jihadism-2014-assessing-islamic-state

전통과 현대 이슬람을 통해 본 평화로운 공존 사상: 까르다위와 주하일리, 굴렌의 관점에서

무함마드 타히르 만수리*

* International Islamic University, Islamabad(IIUI) 부총장(Vice President).

Ⅰ. 서론

비무슬림 국가들과의 평화로운 공존 문제는 예로부터 현대에 이르기까지 무슬림 법학자들과 학자들 사이에 논쟁이 분분한 주제였다. 불신자들과의 무력 충돌에 대한 적합한 근거나, 지하드의 궁극적인 목적, 영구적으로 맺는 조약에 대한 합법성 등을 비롯해, 다른 비무슬림 정치 체제들과 무슬림들 사이에 이루어져야 하는 여러 문제들에 대해 이슬람 법학 내에서도 다양한 의견들이 있다.

예를 들어, 무슬림 법학자들은 지하드의 이유에 대해서도 의견을 달리한다. 일부 법학자들은 불신앙이 지하드의 이유로 충분하다고 보는 반면, 다른 법학자들은 이슬람과 무슬림들에 대한 불신자들의 적대감이 있을 때만 힘의 사용이 필요한 것이라고 주장한다.[1] 무슬림 법학자들은 또한 비 무슬림 국가들과 영구 평화 조약을 맺는 것이 합법한 것인가에 대해서도 의견을 달리한다. 샤피 학파의 법학자들에 의하면, 조약 기간이10년이 넘는 경우는 조약을 맺을 수 없는데, 이는 영구적이거나 혹은 기간을 정하지 않는 조약의 경우 지하드가 지속적으로 이루어져야 한다는 사실을 부정하는 것이 될 수 있기 때문이다.[2] 그러나 이맘 누만 이븐 타빗 아부 하니파(Imam Nu'man b. Thabit Abu Hanifah, d. 150/1767)와 이맘 말리크 이븐 안나스(Malik b. Anas, d. 179/1795)는 10년이 넘는 기간의 조약을 맺는 것에 대해 아무 문제도 없다는 견해이다.[3]

---

1 이것은 말리키나, 하나피, 한발리파의 법학자들과 같은 대부분의 무슬림 법학자들의 주된 관점이다. Abu al-Walid Muhammad b. Ahmad Ibn Rushd, *Bidayat al-Mujtahid wa Nihayat at-Muqtasid* (Lahore: Maktabah 'Ilmiyyah, 1404/1984), 1: 371; Ibn al-Humam, *Fath al-Qadir*, 4: 291을 보라. 여기서 이븐 타이미야를 언급하는 것이 도움이 될 것이다. 이븐 타이미야는 특별히 지하드 문제를 다루는 논문을 썼는데, 그의 결론은 무장을 필요로 하는 지하드는 믿지 않는 자들 측의 공격과 적대감이 있을 때이고, 단순한 불신앙은 적합한 이유가 되지 못한다는 것이다. Ahmad b. 'Abd al-Halim Ibn Taymiyyah, *Risalat Qa'idah fi Qital al-Kufar* in *Ajwihat al-Masa'il li Ibn Taymiyyah* (Cairo: Matb'at al-Sunnah al-Muhammadiyyah, 1368 AH), 116-154.

2 Isma'il b. Yahya al-Muzani, *Mukhtasar al-Muzani* (Beirut: Dar al- Ma'rifah, n.d.), 279 and Abu Ishaq al-Shirazi, *al-Muhadbdhab Ii Fiqh al- Imam al-Shafi'i* (Beirut: Dar al-Fikr, n.d.) 2: 227.

3 Ibn Hurmam, *Fath al-Qadir*, 4: 293.

많은 저명한 전통적 법학자들이 이슬람 전파를 위한 지하드를 인정했다는 사실을 말하고 넘어갈 필요가 있다. 대표적인 한발리 법학자인 이븐 꾸다마는 매년 적어도 한 번은 지하드를 수행해야 한다고 말한다. 납득할 만한 이유가 없다면 그냥 지나쳐서는 안 된다는 것이다. 무슬림의 힘이 약하거나, 지하드를 수행하기 어려운 장애물이 있거나 하는 경우에는 지하드를 수행하지 않아도 된다. 그런 경우에는 비 무슬림들과 임시 휴전을 맺을 수 있다.[4]

이러한 그리고 이와 유사한 다른 저술들을 통해 많은 서구 학자들은 이슬람이 불신자들과의 영구적인 평화를 인정하지 않는다는 결론에 도달했다. 이러한 학자들의 분석을 볼 때 이슬람의 메시지는 보편적으로 전 세계가 다르 알-이슬람(이슬람의 영역)이 될 때까지 무슬림이 계속적으로 지하드를 수행해야 한다는 것을 말한다. 버나드 루이스는 이렇게 말한다:

> 지하드가 의무라는 근거는 무슬림 계시에서 보편적으로 나타난다. 하나님의 말씀과 하나님의 메시지는 모든 인류를 위한 것이다. 따라서 그것을 받아들인 사람들은 받아들이지 않은 사람들이 받아들이도록 싸우고(jehade) 정복할 의무가 있다. 그 의무에는 시공의 제한이 없다. 그것은 전 세계가 이슬람의 신앙을 받아들이거나 이슬람 국가의 힘에 복종하게 될 때까지 계속되어야 한다. 그렇게 될 때까지 세계는 둘로 나누어지는데, 무슬림이 통치하고 이슬람 법이 통용되는 이슬람의 영역(the house of Islam, dar-al-Islam) 과 그 나머지 세계인 전쟁의 영역(The house of war, Dar al-Harb)으로 나누어진다. 그 둘 사이는 전쟁의 상태에 있고, 이는 도덕적으로 필요한, 법적, 종교적 의무이다. 불신자들에 대한 이슬람의 최종적인 승리는 이미 정해져 있는 결과이다.[5]

유수프 알-까르다위 박사(Dr. Yusuf al-Qardawi, b.1926)와, 와흐바 알-주

4 Ibn Qudamah, *al-Mughni*, 13:10.
5 Bernard Louis, *The Political Language of Islam* (Karachi: Oxford University Press, 2004), 72.

하일리 박사(Dr. Wahbah al-Zuhayli, b. 1932), 화툴라 굴렌(Fathullah Gulen, b. 1941), 이 세 명의 저명한 현대 무슬림 학자들은 샤리아의 근거가 되는 꾸란과 쑨나에 나오는 비 무슬림과의 평화로운 공존 문제에 대해 철저하게 연구한 학자들이다. 이들은 적대감과 불신자들과의 영구적인 전쟁 개념에 많은 의혹을 제기한다. 이 학자들은 무슬림들과 비무슬림들 사이의 관계에서 전쟁이 일반적이라는 견해에 동의하지 않는다. 그들은 무슬림과 비무슬림 국가들 사이의 영구적인 평화와 공존 그리고 협력을 강하게 주장하고 옹호한다. 이러한 학자들이 그 문제를 다루는 방법론의 근거나 요지들이 다르긴 하지만, 이는 그들의 배경이 다르고 경향이 다르기 때문일 뿐, 그들 모두 국제사회를 다양한 종류의 끈으로 묶여있는 하나의 가족으로 보고 있다. 이러한 논의들이 서로 협력하고 서로를 지지해 주어야 한다.

본 논문의 목적은 무슬림과 비무슬림 국가 사이에 평화로운 공존 조약을 맺는 것과 같은 주제들을 비롯하여, 무슬림과 비무슬림 국가들 사이의 관계에 대한 몇 가지 기타 다른 주제들에 관하여, 까르다위와, 주하일리 그리고 굴렌의 입장을 전체적으로 그려본 후 대표적인 부분을 정리해 보고자 하는 것이다. 본 논문은 또한 이 학자들의 방법론과 근거, 요지들을 살펴봄으로써, 그들 각자의 접근이 어떻게 유사하고, 차이가 나는지를 분명히 할 것이다.

II. 무슬림 법학자들의 세계관과 그것이 의미하는 것

지하드의 문제를 논의함에 있어서, 무슬림 법학자들은 일반적으로 세계를 세 부분으로 나누었다: 다르 알-이슬람(이슬람의 영역)과, 다르 알-하릅(전쟁의 영역) 그리고 다르 알-아흐드(계약 혹은 평화 협정의 영역).[6] 이러한 세계관이 법학자들이 가지고 있는 전쟁과 평화 개념의 근간이다.

와흐바 주하일리는 이러한 구분을 비판하는데, 그 이유는 이렇게 구분하

6   idem, *Ather al-Harb fi al-Fiqh al-Islami,* 158.

는 것은 무슬림과 비무슬림이 영원히 전쟁과 적대감의 상태에 있을 것으로
보는 것이기 때문이다. 그는 다르 알-하릅은 이슬람 국가와 비이슬람 국가
사이에 전쟁이 발발하는 경우 잠시 동안 있게 되는 상태일 뿐이고, 적대감이
사라지면 없어지게 되는 것이라고 주장한다.[7] 그는 비무슬림과의 전쟁이 이
슬람 법의 본질적인 일반 규칙이라는 견해에 동의하지 않는다.

III. 다르 알-아흐드(계약의 영역)과 다르 알-히즈마(인류에 봉사하는 곳)의 개념

세계를 구분하는 전통적인 방법에 반하여, 까르다위와 주하일리는 비무
슬림 무리들을 다르 알-아흐드(계약과 평화 협정의 영역)라고 칭한다. 이 학자
들에 의하면 다르 알-아흐드에는 상호간에 평화롭게 살기를 원하고, 그래서
세계 평화를 증진하기 위해 단결하기로 서명한 모든 나라들이 포함된다. 까
르다위와 주하일리의 견해로는 그러한 모든 나라들은 이슬람 국가와의 관
계에 있어서 다르 알-아흐드에 속한다. 까르다위에 의하면, 이 원칙에서 단
하나의 예외는 시온주의자들의 나라이다. 그들은 팔레스타인 땅을 강탈하
고 그 국민들을 몰아냈기 때문이다.[8]

화툴라 굴렌 교수는 인문주의자이고, 평화운동가이자, 사랑과 관용의 세계
문명을 강력하게 주창하는 사람으로서, 비무슬림 세계에 대해 다르 알-하릅이
나, 다르 알-아흐드와 같은 법학자들의 율법적인 용어들을 사용하지 않는다.
그는 이 세계를 다르 알-히즈마(인류에 봉사하는 곳)라고 부르기를 선호한다.[9]

굴렌이 사용하는 다르 알-히즈마 용어는 새로운 개념이다. 그는 국제 사
회를 다르 알-이슬람이나 다르 알-하릅의 상황으로 보지 않는다. 세계는 지

7   Al-Zuhayli, *al-'Alaqat al-Dawliyyah fi al-Islam*, 116.
8   Yusuf al-Qardawi, *Fiqh al-Jihad*, 2:895, 901.
9   Ihsan Yilmaz, *Beyond Post-Islamism: A Critical Analysis of the Turkish Islamism's Transformation toward Fethullah Gulen's Stateless Cosmopolitan Islam*, 18.

속적인 봉사가 필요한 장소이고, 그래서 인류에 봉사하는 곳인 것이다. 그는 무슬림들이 적극적으로 인류에 대한 봉사에 나서야 한다고 강조한다. 그들이 행동으로 다른 사람들에게 좋은 본을 보여야 한다는 것이다. 이것이 비무슬림들이 이슬람에 다가서게 하는 가장 좋은 방법이라는 것이다. 무슬림들은 그들이 어디에 있든지 다른 사람의 권리를 존중해야 하고, 공정한 행동을 해야 한다. 굴렌이 보기에 움마는 정치적 법적 공동체라기보다는, 국가를 초월하는 범 사회-문화 공동체이다. 그는 이러한 사회-문화 공동체가 보편적인 평화를 가져오는 수단이 되기를 희망한다.[10] 그는 이슬람과 서구가 그들이 바라는 보편적인 평화에 도달하기 위해 그들 사이에 협력의 영역이 있어야 함을 말한다.

> "서구는 이슬람과 그 지역을 완전히 몰아낼 수 없고, 무슬림 군대는 더 이상 서구로 진격해 갈 수 없다. 또한, 이 세계가 점 점 더 지구촌이 되어 감에 따라, 양 편은 주고 받는 관계가 되어야 할 필요를 느끼고 있다. 서구는 과학적, 기술적, 경제적, 군사적 우위에 있다. 그러나 이슬람은 더 중요하고 핵심적인 것을 가지고 있는데, 그것은 경전과 예언자의 쑨나에서 보여지듯이 그리고 지난 14세기의 기간을 거쳐 드러났듯이, 신선한 믿음과, 영성, 선행 그리고 도덕성이다."[11]

굴렌은 신앙과, 신조, 문화를 생각할 것이 아니라, 사랑과 애정이 인간 관계를 지배하도록 해야 한다고 강조한다. 하나님께서는 그의 창조물에 대한 사랑의 표현으로 우주를 창조하셨다. 특히 인류와 이슬람은 그의 사랑으로 직조된 직물이다. 바디웃자만(Badiuzzaman)은 사랑이 창조의 본질이라고 말한다. 그는 "하나님의 방식으로 좋아하는 것과 싫어하는 것"의 의미를 설명하면서, 알라의 방식으로 싫어하는 것은 오로지 감정과 생각, 속성에만 해당

---

10 Ihsan Yilmaz, *Beyond Post-Islamism*, 8.

11 Gulen, Toward a Global Civilization of Love and Tolerance, (New Jersey: Light, 2004).

한다고 말한다. 따라서 우리는 부도덕이나, 불신앙, 다신교 같은 것들을 싫어해야 하지만, 이러한 면을 가지고 있다고 해서 그 사람을 싫어하지는 말아야 한다는 것이다. 하나님께서는 인간을 고귀한 존재로 창조하셨고, 모든 사람은 이러한 고결함을 가지고 있다. 사도께서(그분에서 평안이 있기를) 한번은 어느 한 유대인의 장례행렬이 지나가는 것을 보고 인간에 대한 존중의 표시로 일어서셨다. 그것이 유대인의 장례행렬임을 상기시켜드리자 "그러나 그는 사람이다." 하고 대답하셨다. 이슬람이 사람에게 어떤 가치를 부여하는지를 보여 주는 일화이다.[12]

1. 지하드와 전쟁의 근거

까르다위와, 주하일리, 굴렌은 그들의 저술에서 지하드 개념을 철저하게 다루고 있다. 까르다위 박사는 무슬림들과 비무슬림들 사이의 자연스러운 관계를 적대감으로 보면서 비무슬림 세계와 전쟁을 하러 나가는 모든 사람들을 강하게 비판한다. 그런 사람들은 불신자의 불신앙(쿠프르 kufr)이 전쟁을 일으킬 충분한 근거가 된다고 믿는다. 그러나 까르다위에게 있어서 지하드라는 말은 단순히 싸우는 것 이상의 훨씬 넓은 의미를 갖는다. 지하드에는 "적에 대항한다, 악에 대항하고, 욕망에 대항한다" 등의 의미가 있다는 것이다.[13] 까르다위에 의한 이러한 해석은, 지하드를 대 지하드와 소 지하드(greater jihad and lessor jihad)로 구분하고, 지하드를 단순히 싸우는 것으로 제한하지 않는 굴렌의 이해와 유사하다. 까르다위는 이슬람이 평화로의 부름이며, 전쟁을 싫어하지만 막을 수 없기에 전쟁을 준비하기는 하지만, 꼭 그래야만 하는 경우가 아니라면 전쟁을 일으키지 않는다고 강조한다. 와흐바 알-주하일리와 유수프 까르다위는 비무슬림들을 대상으로 전쟁을 일으킬 수 있는 합법적인 세 가지 주요 근거를 제시한다. 그 근거들은:

---

12 Gulen, *Toward a Global Civilization*, 115-116.

13 Yusuf al-Qardawi, *Fiqh al-Jihad*, 1:66.

1. 무슬림의 영토를 방어하고 무슬림들의 생명을 지키기 위해서.
2. 자신들의 종교를 퍼뜨릴 무슬림들의 권리를 지키기 위해서.
3. 억압받는 자들을 도와주기 위해서이다.[14]

굴렌 교수는 보편적인 사랑과, 긍휼, 관용, 자연스럽게 우러나는 존중을 강력하게 추구하는 사람으로서, 그의 글과 강의에서는 전쟁과 적대감에 대한 말을 거의 찾아볼 수 없다. 수피의 길을 걷는 사람으로서 그는 큰 지하드인 내적 지하드를 강조하지만, 작은 지하드인 외적 지하드의 필요성을 부인하거나 반대하지는 않는다. 그러나 그는 큰 지하드 즉, 내적 싸움을 강조한다. 다시 말하자면, 우리를 온전치 못하게 만드는 우리 자아(ego)의 파괴적이고 부정적인 감정들과, 사고방식에 전쟁을 선포하는 것이다. 이는 매우 어려운 지하드이기 때문에, 큰 지하드라고 불린다.[15] 작은 지하드 역시 전쟁터에만 제한되는 것이 아니라, 이슬람의 명령과 의무를 적극적으로 완수하는 것이다. 그러나 굴렌은 무장하고 싸우는 지하드의 합법성을 부인하지는 않는다. 다만 오직 예외적인 상황만으로 제한한다. 그는 이렇게 말한다:

"지하드는 특별한 경우에 한하여 무장한 채 싸우는 것을 의미할 수 있다. 즉, 때로는 생명이나, 자산, 종교, 아이들, 조국 그리고 명예와 같은 가치들을 보호하기 위해 그러한 지하드를 수행할 필요가 있다. 또한 하나님의 말씀을 일으키는데 방해가 되는 것을 제거하기 위해서도 지하드를 수행할 수 있다."[16].

Ⅳ. 무슬림과 비 무슬림 사이의 관용과 평화로운 공존

14 Zuhayli, *Al-Alaqat al-Dowliyyah fi al-Islam*, 28; Qardawi, *Fiqh al-Jihad*, Vol.1, 66.
15 Gulen, *Toward a Global Civilization*, 279.
16 Gulen, *Toward a Global Civilization*, 285-286.

쉐이크 까르다위와, 주하일리 박사 그리고 화툴라 굴렌 박사는 무슬림들
과 비무슬림들 사이에 영구적인 평화 관계의 정착을 강하게 주장한다. 쉐이
크 까르다위는 설교가로서 그러한 평화로운 관계가 다와(Da'wa, 선교-역자주)
를 이루기 위해서도 매우 중요하다고 생각한다. 무슬림 움마는 다와의 의무
를 수행하고 이슬람의 메시지를 널리 알리기 위해 사랑과 상호 존중, 신뢰의
상황이 꼭 필요하다. 적대감과 증오의 상황에서는 그렇게 할 수 없다. 따라
서, 그러한 관계의 정당성에 따라 까르다위는 마까시드 알 샤리아(*Maqasid al-
Shari'ah*, "샤리아의 목적지"라는 뜻-역자주) 방법론, 즉 샤리아의 더 높은 목적에
호소한다. 게다가 세상의 평화와 안정을 이루는 것 자체가 샤리아의 중요한
목표이기도 하다. 와흐바 주하일리 박사는 법학자로서, 거룩한 선지자(그에
게 평화가 있기를)와 그를 계승한 칼리프들 시대에 무슬림과 비무슬림 사이에
맺어진 조약들에서 그러한 관계들의 합법성을 탐구, 조사하였다.

인문주의자로서 화툴라 굴렌은 무슬림과 비무슬림 관계의 합법성과 공존
을 위해 법학자들의 방법론을 사용하지 않는다. 그의 분석에 의하면 인간 사
회에서 다양성과 다원주의는 자연스러운 현상이므로 그러한 현상은 용납되
고 인정되어야 한다. 이렇게 용납하고 인정할 때 관용과 상호 존중과 공존으
로 가는 길이 열린다. 다른 관점들, 심지어 이슬람에 적대적인 관점들 조차
도 관대하게 다루어야 하고, 그러한 관점을 가지고 있는 사람들도 존중 받아
야 한다. 그는 말한다: "우리는 용서와 관용이 우리 상처들 대부분을 치유해
줄 수 있다고 믿는다. 하지만 그것은 오직 그 신의 도구가 그 언어를 이해하
는 사람들의 손에 들려있을 때만 가능한 일이다. 그렇지 않으면, 잘못된 사
용으로, 우리가 지금까지 그래 왔듯이, 많은 복잡한 일들이 일어날 것이고,
우리를 혼란스럽게 할 것이다. 우리가 사회적, 문화적, 종교적 다양성을 인
정하고 받아들일 때 평화와 하나됨의 길이 열리게 될 것이다."[17]

굴렌은 평화로운 공존을 인정할 뿐만 아니라, 한 발 더 나아가 동일 종교
인들과, 다른 민족, 인종, 문화 배경을 가진 종족들 사이에 평화의 문화를 건

---

17 Golen, *Toward a Global Civilization*, 29.

설하고 세우는 방법으로 종교 상호간의 대화를 제시 한다. 그는 대화가 상호 용납과 상대방의 정체성을 존중하는 틀이라고 본다. 그가 제시하는 대화의 첫 번째 단계는 과거를 잊고, 비판적인 논의들을 무시하고, 공통점들을 우선 순위에 올려 놓는 것이다. 사실 공통점들이 논쟁점들보다 훨씬 더 많다고 그 는 말한다.[18]

V. 공존의 문제를 다루는 방법론과 접근방법들

관용과 평화로운 공존에 대한 주하일리와, 까르다위, 굴렌의 방법론과 접 근방법을 비교해 보자면, 주하일리 박사의 접근법은 주로 법학자적이고 율 법적인 것을 보게 된다. 그의 주된 근거는 전통적인 법학 자료들이다. 그는 전통적인 이슬람 법률학을 조사하여 지하드 및 현대 국제법 상황에서 무슬 림과 비무슬림의 관계, 인권에 대한 관례를 분석하였다. 그는 타키야(*takhyir*) 방법론 즉, 절충하는 방법을 택하여, 전통 법률학으로부터 그의 주장에 맞는 관점들을 택하여 현대 세계의 상황들에 적용하였다. 따라서, 예를 들자면, 그는 일라(*'illah*) 즉, 지하드의 이유에 대한 샤피(Shafi'i)의 관점에 동의하지 않는데, 이는 샤피가 단순히 불신앙이라는 이유만으로도 지하드의 이유가 된다고 보았기 때문이다. 반면, 그는 믿지 않는 자들이 이슬람과 무슬림들에 게 적대적일 때 무력을 사용하는 이유가 된다고 본다.

유수프 알-까르다위 박사 역시 문제들을 다룰 때 율법적인 접근을 한다. 그러나 그는 이와 더불어 마까시드 알-샤리아(*Maqasid al-Shari'ah*)를 율법의 유추(reasoning)를 위한 방법론으로 사용한다. 따라서 이슬람의 메시지를 전 파하는데 있어서, 칼에 대한 구절(*ayat al-sayf* 꾸란 9:5)이 평화와, 관용, 비군사 적 태도에 대한 구절들을 폐기했다는 이론에 그가 동의하지 않는 이유도 평

---

18 See for his concept of dialogue, Zaki Saritopark and Sidney Cariffith, "Fathullah Gaulen and the People of the Book: A Voice from Turkey for Interfaith Dialogue," The Muslim World, Special Issue, vol. 95, No. 3(Jul. 2005): 329-340.

화와 관용 등이 마까시드 알-샤리아를 구성하는 가치들이기 때문이다.[19]

무슬림 해석가들이 폐기 이론(꾸란의 서로 상반되는 구절들에 대해 한 구절이 다른 구절을 대체한다는 이론-역자 주)에 의존하여 무효화시킨 꾸란의 몇 몇 구절들이 사실은 무슬림들이 비무슬림들에게 어떻게 적절하게 행동해야 하는지 기준을 제시하고 있고, 이슬람의 메시지가 어떻게 전파되어야 하는지 그 방식을 안내해 주는 역할을 하는 구절들이라는 사실을 안다면 놀랄 것이다. 예를 들어, 꾸란 구절 16:125는 예언자에게(그에게 평화가 있기를) 사람들을 알라의 길로 초대할 때 "지혜와 아름다운 가르침"으로 하도록 명하고 있다. 이 구절은 비무슬림들을 이슬람으로 어떻게 초대해야 하는지 그 원리를 알려준다. 따라서, 지하드에 대한 구절들을 해석할 때, 까르다위는 이슬람의 최고 가치들과 샤리아의 더 높은 목표를 따르고자 했다는 것을 알 수 있다.[20]

유수프 알-까르다위 박사는 피끄 알 와끼(Fiqh al-Waqi') 즉, 현실과 관계된 법 해석을 하는 법학자이기도 하다. 따라서 그는 현대 사회의 변화하는 현실역시 고려하여 이러한 현실을 그의 이즈티하드(ijtihad, "모든 능력을 발휘하여 이슬람 율법상의 분명한 근원으로부터 가정적 결론을 연역하는 것"-역자 주)와 파트와(fatwa, 종교적 판단-역자 주)에 적용하려고 노력한다. 이러한 현실에는 전쟁에 대한 비난, 평화의 추구, 국제법과 인권 협약의 등장, 국가 주권에 대한 존중 등이 포함된다.[21] 공존의 문제를 다루는데 있어서 그의 주요 관심사는 샤리아의 더 높은 목적에 있다. 그의 견해로는 다와(Da'wa)와 이슬람 메시지의 전파는 존중과, 신뢰, 확신이 있을 때 가장 잘 이루어질 수 있다.

파툴라 굴렌 교수는 인문주의자, 평화주의자 그리고 수피로서 그 문제에 접근하여, 항상 사랑과, 평화, 관용, 존중을 증진하고 전쟁과 증오를 배척하는 입장을 취한다. 그는 국제 사회를 하나님의 가족으로 본다. 가장 좋은 무슬림은 인류를 사랑하고 하나님의 가족을 가장 많이 유익하게 하는 사람이다. 그

---

19 Yusuf al-Qardawi, *Fiqh al-Jihad*, 1:319, 2:861.
20 Yusuf al-Qardawi, *Fiqh al-Jihad*, 1:319.
21 Rashid Al-Ghannoushi, *What is New about Qardawi's Fiqh of Jihad*, 3.

는 비무슬림들에게 폭력을 행사하고, 파괴하려고 하는 자들을 매우 비판한다. 그에게 있어서 그러한 행동은 이슬람의 규칙과 원리에 반하는 것이다.

이 세 명의 학자들에게 가장 두드러진 특징은 그들이 모두 강력하게 세계 평화를 주창한다는 것이다. 그들은 모두 다른 나라들과, 종교들, 문화들 사이에 관용과, 평화로운 공존을 강하게 주장하고 있다.

VI. 결론

본 논문은 전쟁과, 무슬림들과 비 무슬림들 사이의 적대감, 평화, 조약의 결론 그리고 다른 관계된 문제들에 대한 까르다위와, 주하일리, 굴렌의 관점들이, 현대 국제 관계의 규범들과 일치하며, 꾸란과 쑨나에 기초한 이슬람 법의 목표들을 타협하지 않으면서도, 현재 국가들 사이에 이루어지고 있는 관계들에 대한 현실을 잘 반영하고 있다고 결론짓는다. 이 이론은 무슬림과 비 무슬림 관계에 대한 전통적인 접근에 반대되는 것으로써, 이 이론에서는 국제사회를 그 구성원들이 여러 가지 끈으로 묶여있는 하나의 가족으로 보고 있다. 이 가족 구성원들은 서로 협력하고 지지해 주어야만 한다. 이러한 접근은 다른 나라들 사이에 유대감을 형성하고 또한 무슬림들이 건설적으로 상호작용하며, 모든 인류가 함께 성과를 맺을 수 있는 정다운 분위기를 만들어 낸다. 이 이론에 따르면, 굴렌이 강조했듯이, 가장 훌륭한 무슬림은 인류를 사랑하고, 하나님께서 만드신 많은 창조물들에 유익을 끼치는 사람이다. 무슬림 움마는 최고의 국가로써 세상에 공평과 자비를 증진시키기 위해 노력해야 하는데, 이것은 평화와, 친목, 상호 신뢰의 분위기에서 가장 잘 이루어질 수 있는 것이지, 전쟁과, 미움, 적대감의 환경에서는 힘든 일이다. 이러한 현대 이슬람 이론은 서로 다른 신앙, 종교, 나라들 간의 평화적 공존에 대한 매우 강력한 개념적 기초를 분명하게 제공해 준다. 이러한 평화를 세워나가는 접근방법은 힘의 사용을 최소화할 것을 분명히 하면서, 오직 특별한 경우에만 사용하도록 제한하고 있는 거룩한 꾸란과 쑨나에 기초하고 있다.

● 참고문헌

Abu Ishaq al-Shirazi, *al-Muhadbdhab Ii Fiqh al- Imam al-Shafi'i*. Beirut: Dar al-Fikr, n.d.

Al-Ghannoushi, Rashid. *What is new about Qardawi's Fiqh of Jihad*

al-Muzani, Isma'il b. Yahya. *Mukhtasar al-Muzani*. Beirut: Dar al- Ma'rifah, n.d.

Al-Qaradawi, Yusuf. *Fiqh al-jihad, Dirasah Muqaranah li-Ah-leamih wa-Falsafatihfi _Daw'al-Qur'an wa-al-Sunnah*. Cairo: Wahba Bookstore, 2009.

al-Qaradawi, Yusuf. *Fiqh al-Jihad*. Cairo, 2009.

Al-Zuhayli, Wahbah. Al-Alaqat al-Dowliyyah fi al-Islam (International Relations in Islam) Beirut: Muassasah al-Riisalah, 1981.

al-Zuhaylï, Wahbah. *Athdr al-harb fi al-fiqh al-isldmi: dirdsah muqdranah*, Damascus: Dar al-Fikr, 1983.

Golen, Fethullah. *Toward a Global Civilization of Love and Tolerance*. New Jersey: Light, 2004.

Ibn al-Humam, Muhammad b. Abd al-Wahid. Fath aI-Qadir.Cairo: Mustafa al-Babi al-Halabi. 1389.

Ibn Qudamah al-Maqdisi al-Hanbali, Muwaffaq al-Din 'Abd Allah ibn Ahmad. *Al-Mughni* (the main Hanbali 'fiqh" manual).

Ibn Rushd, Abu al-Walid Muhammad b. Ahmad. *Bidayat al·Mujtahid wa Nihayat at-Muqtasid*. Lahore: Maktabah 'Ilmiyyah, 1404/1984.

Ibn Taymiyyah, Ahmad b. 'Abd al-Halim. *Risalat Qa'idah fi Qital al-Kufar in Ajwihat al-Masa'il li lbn Taymiyyah*. Cairo: Matb'at al-Sunnah al-Muhammadiyyah, 1368 AH.

Louis, Bernard. *The Political Language of Islam*. Karachi: Oxford University Press, 2004.

Saritopark, Zaki and Cariffith, Sidney. *"Fathullah Gaulen and the people of the Book: A voice from Turkey for Interfaith Dialogue"* The Muslim World Special issue Vol.95, No. 3, (July 2005)

Yilmaz, Ihsan. "Beyond Post-Islamism: A critical Analysis of the Turkish Islamism's Transformation toward Fethullah Gulen's Stateless Cosmopolitan Islam" (2008), at www.gulen conference.net/files/Georgetown/2008_Ihsan Yilmaz. pdf.

CONCEPT OF PEACEFUL CO-EXIS-TENCE zuIN CLASSICAL AND MOD-ERN ISLAMIC THOUGHT Views of QA-RDAWI, ZUHAYLI & GULEN

Muhammad Tahir Mansoori*

- Vice President of IIUI(International Islamic University, Islamabad).

I . INTRODUCTION

The question of peaceful co-existence with non-Muslim nations has been a subject of debate among classical and modern Muslim jurist and scholars. There exists a divergence of views in Islamic jurisprudence on issues such as the right grounds of armed conflict with unbelievers, the ultimate objective of *jihad*, the legitimacy of permanent treaties and other issues that pertain to Muslim relations with not Muslim political entities.

Muslim jurists, for instance, *disagree* regarding the *'illah* i.e. the *ratio* of *jihad*. Some of them are of the opinion that the *ratio* of *jihad* is the mere existence of disbelief. Another group of jurists asserts that it is *muharabah* or the unbelievers' hostility to Islam and Muslims that calls for use of force.[1]

Muslim jurists are also divided on the question of the legality of concluding permanent peace treaties with non-Muslim nations. According to the jurists of the Shafi'i school, a treaty cannot be concluded for a period exceeding ten years because a permanent treaty or a treaty for an indefinite period would negate the purpose of *jihad* which ought to be carried out on a continuing basis.[2] Imam Nu'man b. Thabit Abu Hanifah (d. 150/1767) and Imam Malik b. Anas (d. 179/1795), however, do not see any problem in concluding a treaty for a period exceeding ten years.[3]

----

1   This is the viewpoint of a considerable majority of Muslim jurists, such as Maliki, Hanafi, and Hanbali jurists. See, Abu al-Walid Muhammad b. Ahmad Ibn Rushd, *Bidayat al-Mujtahid wa Nihayat at-Muqtasid* (Lahore: Maktabah 'Ilmiyyah, 1404/1984), 1: 371; Ibn al-Humam, *Fath al-Qadir*, 4: 291. It is pertinent to mention here that Ibn Taymiyyah has devoted a special treatise to the question of the *ratio* of *jihad*. His conclusion is that it is the aggression and hostility on the part of non-believers that constitutes the justification for resorting to armed *jihad* and not merely their disbelief. See, Ahmad b. 'Abd al-Halim Ibn Taymiyyah, *Risalat Qa'idah fi Qital al-Kufar* in *Ajwihat al-Masa'il li Ibn Taymiyyah* (Cairo: Matb'at al-Sunnah al-Muhammadiyyah, 1368 AH), 116-154.

2   See, Isma'il b. Yahya al-Muzani, Mukhtasar al-Muzani (Beirut: Dar al- Ma'rifah, n.d.), 279 and Abu Ishaq al-Shirazi, *al-Muhadbdhab Ii Fiqh* al- Imam al-Shafi'i (Beirut: Dar al-Fikr, n.d.) 2: 227.

3   See, Ibn Hurmam, *Fath al-Qadir*, 4: 293.

It is pertinent to note that many prominent classical jurists also advocate *jihad* for propagation of Islamic message. Ibn Qudamah, a leading Hanbli jurist suggests that *jihad* must be carried out at least once every year. It should not be abandoned without any proper reason. It may, however, be abandoned under such circumstances as the weakness of the Muslim power or the presence of effective obstacles in the way of *jihad*. In such cases a temporary truce can be concluded with non-Muslims.[4]

From these and similar writings, many western scholars have concluded that Islam does not acknowledge permanent peace with non-believers. In the analysis of these scholars universality of Islamic message, makes it incumbent upon Muslim to carry out *jihad* on permanent basis till the whole world is converted to Dar al-Islam (abode of Islam) Bernard Lauis writes:

"The basis of the obligation of *jihad* is the universality of the Muslim revelation. God's words and God's message are for all mankind; it is the duty of those who have accepted them to strive (jehade) and subjugate those who have not. This obligation is without limit of time or space. It must continue until the whole of the world has either accepted the Islamic faith or submitted to the power of Islamic state. Until that happens, the world is divided into two: the house of Islam (dar-al-Islam) where Muslim rule and the law of Islam prevails; and the house of war (Dar al-Harb) comprising the rest of the world. Between the two there is a morally necessary, legally and religious obligatory state of war, until the final and inevitable triumph of Islam over unbelief.[5]

---

4   See Ibn Qudamah, al-Mughni, 13:10.
5   Bernard Louis, *The Political Language of Islam* (Karachi: Oxford University Press, 2004) p.72.

Dr. Yusuf al-Qardawi (b.1926), Dr. Wahbah al-Zuhayli (b. 1932), and Fathullah Gulen (b. 1941) three prominent contemporary Muslim scholars are among those scholars who have thoroughly studied the question of peaceful coexistence with non-Muslim in the Qur'an and *Sunnah* and the sources of *Shari'ah* and have clarified many misgivings about the notion of hostility and permanent war with non-believers. These scholars do not agree with the view that war should be the general rule for Muslim relations with non-Muslims. They strongly support and advocate permanent peace, coexistence and cooperation among Muslims and non-Muslims nations. Although the methodology sources and arguments of these scholars to address the issue are different because of their different back-grounds and inclination but they all regard the world community as one family whose members are bound by multifarious ties. These measures ought to cooperate and support each other.

The present paper, aims to delineate and highlight the position taken by Qardawi, Zuhayli and Gulen on the issues such as peaceful coexistence of treaties between Muslim and non-Muslim state and several other issues that pertain to the relations of Muslim with non-Muslim nations. The paper will also discuss the methodology, sources and arguments of these scholars in order to highlight similarities and dissimilarities in their respective approaches.

II. The Worldview of Muslim Jurists and its Implications

In discussing the theory of *jihad*, Muslim jurists have generally divided the world into three parts: Dar al-Islam (territory of Islam), Dar al-Harb (territory of war) and Dar al- 'Ahd (territory of covenant or peaceful agreement).[6] This worldview is the foundation for the jurists' concepts of war and peace.

Wahbah Zuhayli has criticized this classification because such a classification, in his opinion, implies the existence of a permanent state of war and hostility between Muslims and non-Muslims. He contends that Dar al-Harb is only a temporary state which comes into being with the eruption of war between the Islamic state and a non-Muslim state which disappears with the end of hostilities.[7] He does not agree with the view that war with non-Muslims is *per se* the normal rule of Islamic law.

III. Concepts of Dar al–'Ahd (Territory of Covenant) and Dar al–Hizmat (Abode of Service to Mankind)

As opposed to classical division of world, Qardawi and Zuhayli call non-Muslim entities Dar al-'Ahd (territory of covenant and peaceful agreement). Dar al-'Ahd, according to these scholars includes all such states which have expressed their desire to live in mutual peace, and as a result, have signed the character of united nations for the promotion of peace in the world. All such states in Qardawi's and Zuhayli's opinion are part of Dār al-'Ahd as far as their relations with the Islamic State are concerned, The only exception to this principle according to Qardawi, is Zionist state because of its usurpation of the land of Palestine and its dispossession of its people.[8]

Being a humanist, a peace activist and a strong promoter of global civili-

---

6　See, idem, *Ather al-Harb fi al-Fiqh al-Islami*, 158.

7　Al-Zuhayli, *al-'Alaqat al-Dawliyyah fi al-Islam*, 116.

8　*See, Yusuf al-Qardawi Fiqh al-Jihad* 2:895, 901.

zation of love and tolerance, Prof. Fathullah Gulen, does not use the juristic and legalistic terms of Dar al-Harb and D⌐r al-ʿAhd, for non-Muslim world. He prefers to call this world D⌐r al-Hizmat (Abode of service to humans).[9]

Gulen uses the term dar al-Hizmet (Abode of Service to Humans) which is a new concept in this regard. He does not look at the world community in the context of D⌐r ul-Islam and Dar al-Harb. But regards the world a coherent place, where needs are served continuously, so it is a abode of service to humans, thereby God.

He stresses upon Muslims to actively participate in human service. They should set good example for others by their conduct. This is the best way for bringing non-Muslims closer to Islam. The Muslim, wherever they are, should respect other's rights, and to be just in their conduct. In Gulen's understanding, *Ummah* is more of a transnational socio-cultural entity, not politico legal one. The hopes that this socio-cultural entity will be instrumental in bringing universal peace.[10]

He identifies the areas of cooperation between Islam and West to reach desired universal peace:

"The West cannot wipe out Islam or its territory, and Muslim armies can no longer march on the west. Moreover, as this world is becoming even more global, both sides feel the need for a give-and-take relationship. The West has scientific, technological, economic, and military supremacy. However, Islam possesses more important and vital factors: Islam, as represented by the Holy Book and the *Sunnah* of the Prophet, has retained the freshness of its belief, spiritual essence, good works, and morality as it has unfolded

---

9   Ihsan Yilmaz, Beyond Post-Islamism: A Critical Analysis of the Turkish Islamism's Transformation toward Fethullah Gulen's Stateless Cosmopolitan Islam, 18.

10   Ibid, P.8.

over the last fourteen countries."[11]

Gulen emphasizes that love and affection should govern human's relations not the considerations of faith, creed and culture. God created the universe as manifestation of His love for his creatures, in particular humanity and Islam became the fabric woven out of His love. In the words of Badiuzzaman, love is the essence of creation. He explains the meaning of "liking and disliking in the way of God" and tells that disliking in the way of Allah applies only to feelings, thoughts and attributes. Thus, we should dislike things such as immorality, disbelief and polytheism not the people who have these beliefs.[12] God created humanity as noble beings and everybody has a share in this mobility. The Messenger (PBUH) once stood up out of respect for humanity as the funeral procession of a Jew passed by when reminded that the deceased was a Jew, the Prophet replied: "But he is a human" thereby showing the value Islam gives to human.[13]

1. JIHAD AND GROUNDS OF WAR

Qardawi, Zuhayli and Gulen have thoroughly discussed the concept of *jihad* in their writings. Dr. Qardawi has strongly criticized all those who went to wage war against the whole non-Muslim world presuming that natural state of relationship between Muslims and non-Muslims is that of hostility. Such people believe that disbelief or *kufr* of a non-believer is sufficient ground for waging war against him. In the opinion of Qardawi the word *jihad* is much wider that just fighting. *Jihad* includes resisting the en-

---

11   Gulen, Toward a Global Civilization of Love and Tolerance, (New Jersey: Light, 2004).
12   Gulen, toward a Global Civilization of Love and Tolerance pp.115-116.
13   Gulen, toward a Global Civilization of Love and Tolerance pp.115-116.

emy, resisting the devil and resisting one's desires etc. [14] This interpretation by Qardawi brings him closer to Gulen who divides *jihad* into greater *jihad* and lessor *jihad* and does not confine it to fighting. Qardawi emphasizes that Islam is a call to peace, it abhors war, but cannot prevent it, hence it prepares for it, but does not wage it unless it is forced upon it.

Wahbah al-Zuhayli and Yusuf Qardawi identify three main grounds on the basis of which a legitimate war can be waged against non-Muslims. These grounds are:

1. To defend the Muslim territory and safeguard the lives of Muslims;
2. to safeguard the Muslims' right to disseminate their religion; and
3. to support the oppressed. [15]

Prof. Gulen, a strong promoter of universal love, compassion, tolerance, natural respect rarely talks about war and hostility in his writings and lectures.

As practitioner of *tasawwuf* he emphasizes the importance of greater internal *jihad* without disapproving and negating the necessity of lesser external *jihad*.

Thus, his emphasis is on greater *Jihad* i.e. the internal struggle. In his words: It is proclaiming war on our ego's destructive and negative emotions and thoughts which prevent us from attaining perfection. As this is a very difficult *Jihad*, it is called the greater *Jihad*[16]. Lesser *Jihad* is also not restricted to battle fields. It is active fulfillment of Islamic commands and

14   Yusuf al-Qardawi, Fiqh al-Jihad, 1:66.
15   Zuhayli, Al-Alaqat al-Dowliyyah fi al-Islam, p.28; Qardawi, Fiqh al-Jihad, Vol.1, p.66.
16   Towards a Global Civilization of Love and Tolerance p.279.

duties. Gulen, however, does not negate the legitimacy of armed *jihad*. But he confines it to only extraordinary circumstance. He writes:

"*Jihad* can mean an armed struggle as an action tied to special circumstances, that is sometimes necessary to carry out in order to protect such values as life, Property, religion, children, homeland and honour. It is also resorted to remove obstacles from the path that leads to raising God's Word"[17].

IV. Tolerance and Peaceful Co-Existence between Muslims and Non-Muslims

Sheikh Qardawi, Dr. Zuhayli and Professor Fahellah Gulen strongly advocate establishment of permanent peace relations between Muslims and non-Muslims. Sheikh Qardawi, as a preacher regards such peaceful relations very significant for the purpose of Da'wa. The Muslim Ummah can perform its obligation of Da'wa and dissemination of Islamic massage only in the atmosphere of love, mutual respect and trust not hostility and hatered. Thus, in according legitimacy to such relations, Qardawi, has invoked the methodology of Maqasid al Shariah or higher purposes of Shariah. Besides, prevalence of peace and security in the world is *per se* important objective of shariah. Dr. Wahbah Zuhayli, being a *faqih* and jurist has explored and investigated the legitimacy of such relations in treaties of Muslims with non-Muslims in period of Holy Prophet (S.A.W) and rightly guided caliphs.

Being a humanist, Fahellah Gulen does not employ juristic methodology to establish legitimacy of Muslim non-Muslim relations and co-existence

---

17   Ibid., pp. 285-286).

of Muslims with non-Muslims. In his analysis diversity and pluralism are a natural phenomenon in human society, so they should be admitted and recognized. This recognition paves the way towards tolerance, mutual respect and co-existence. Alternate views, even hostile to Islam, are to be tolerated and their adherent respected. He says

We believe that forgiveness and tolerance will heal most of our wounds, but only when the divine instrument is in the hands of those who understand its language. Otherwise, the incorrect treatment, we have used until now, will create many complications and will continue to confuse us. We will be led to peace and unity by recognizing and accepting social, cultural and religious diversity.[18]

Gulen not only regonized peaceful co-existence but moves one step ahead and proposes inter-faith dialogue as a method to be used in building and establishing a culture of peace among co-religionists, peoples of different ethnic, racial and cultural backgrounds. He sees the dialogue as a framework of mutual acceptance and respect of others identity. The first step in the proposed dialogue is forgetting the past, ignoring polemical argumentation and giving precedence to common points, which far number polemical ones.[19]

---

18   Golen, Toward a Global Civilization of Love and Tolerance, op. cit, p.29.

19   See for his Concept of dialogue, Zaki Saritopark and Sidney Cariffith, *"Fathullah Gaulen and the people of the Book: A Voice from Turkey for Interfaith Dialogue in* **The Muslim World**. Special issue, vol.95 number-3, July 2005 Harford Seminary, Harford, USA pp. 329-340.

V. Methodology and Approaches in Treatment of the Issue of Co-Existence

If we compare the methodology and approach of Zuhayli Qardawi and Gulen in the treatment of the issue of tolerance and peaceful co-existence, we observe that the approach of Dr. Zuhayl⎦ is primarily juristic and legalistic. His main source has been classical juristic literature. He has surveyed and analysed classical Islamic jurisprudence on *jihad* and Muslim non-Muslim relations in the context of modern International law and conventions of human rights. He has adopted the methodology of *takhyir* i.e. eclecticism and has selected from classical jurisprudence those views which are suited to his line of argument and accommodate the realities of modern world. Thus, for instance, he does not agree with Shafi'i's view that *'illah* i.e. the *ratio* of *jihad*, is the mere existence of disbelief. In his view, it is the unbelievers' hostility to Islam and Muslims that call for the use of force.

Dr. Yousuf al-Qardawi, has also followed legal approach in the treatment of issues. But, additionally, he has also invoked *Maqasid al-Shari'ah* as a methodology of legal reasoning. Thus, reason he has not endorsed the theory that *ayat al-sayf* (the sword verse 9:5) has abrogated the verses that enjoin peace, tolerance and non-militant posture in the effort to spread the Islamic massage because these values constitute the Maqasid al-Shariah.[20]

It is surprising to note that the Muslim exegetes, by having recourse to the abrogation theory, have rendered ineffective several verse of the Qur' an which in fact lay down the norms of appropriate behaviour for Muslims in their interaction with non-Muslims and provide guidelines for the manner in which message of Islam should be disseminated. The Qur'anic verse

---

20   Yusuf al-Qardawi, Fiqh al-Jihad, 1:319, 2:861.

16:125, for instance, enjoins upon the Prophet (peace be on him) to invite people to the way of Allah with "wisdom and beautiful preaching." This provides a guiding principle for inviting non-Muslims to Islam.

Thus, we observe that while interpreting verses on *jihad*, Qardawi has tried to uphold the supreme values of Islam and higher objectives of *Shari'ah*.[21]

Dr. Yusuf al-Qardawi is a jurist of *Fiqh al-Waqi'* i.e. *fiqh* relating to reality as well. Thus he has also taken into consideration the changing realities of modern world and tried to accommodate these realities in his *ijtihad*, and fatwa. Some of these realities are: condemnation of war, seeking peace, emergence of international law and human rights conventions, respect of the sovereignty of states.[22]

His primary concern in dealing with the issue of co-existence is higher purposes of *Shari'ah*. In his view the purpose of Da'wa and dissemination of Islamic message can be best served in the atmosphere of respect, trust and confidence.

Professor Fathullah Gulen, has approached the issue as a humanist, peace activist and as a sufi who is always concerned with promotion of love, peace, tolerance, respect and abhorrence of war and hostility. He looks at the world community as family of God. The best Muslim is the one who loves mankind and benefits most this family of God. He has severely criticized those Muslim groups which behave violently against non-Muslims and want to destroy them. Such behaviour, in his view, is contrary to Islamic rules and principles.

The common distinguishing feature of the views of those three schedules

---

21   Yusuf al-Qardawi, Fiqh al-Jihad, 1:319.
22   See, Rashid Al-Ghannoushi, What is New about Qardawi's Fiqh of Jihad, 3.

is that they are all strong promoters of world peace. They strongly advocate, tolerance and peaceful co-existence between different nations, religions and cultures.

VI. Conclusion

The paper concludes that the views of Qardawi, Zuhayli and Gulan on the issues of war, hostility between Muslims and non-Muslims, peace, conclusion of treaties and other relevant matters is consistent with the norms of modern international relations and accommodates the realities of the present-day relations obtaining among nations without comprising the objectives of Islamic law as laid down in the Holy Qur'an and *Sunnah*. This theory as opposed to classical approach towards Muslim and non-Muslim relations, treats the world community as one family whose members are bound by multifarious ties. These members ought to cooperate and support each other. This approach is likely to create bonds between different nations and a congenial atmosphere wherein Muslims can constructively interact and fruitfully engage all humanity. According to this theory the best Muslim is the one who loves mankind and benefits most the creatures of God as emphasized by Gulen. The status of Muslim *Ummah* as the best nation requires that it should strive to promote justice and benevolence in the world, and this can be best achieved in an atmosphere of peace amity and mutual trust not in atmosphere of war, hatred and enmity. This modern Islamic theory has obviously provided very strong conceptual foundations for a peaceful co-existence of different feitus, religions and nations. This peace building approach has been anchored in the Holy Qur'an and *Sunnah* that certainly minimizes the use of force, confining it to only extra-ordinary circumstances.

● REFERENCES

Abu Ishaq al-Shirazi, *al-Muhadbdhab Ii Fiqh al- Imam al-Shafi'i*. Beirut: Dar al-Fikr, n.d.

Al-Ghannoushi, Rashid. *What is new about Qardawi's Fiqh of Jihad*

al-Muzani, Isma'il b. Yahya. *Mukhtasar al-Muzani*. Beirut: Dar al- Ma'rifah, n.d.

Al-Qaradawi, Yusuf. *Fiqh al-jihad, Dirasah Muqaranah li-Ah-leamih wa-Falsafatihfi _Daw' al-Qur'an wa-al-Sunnah*. Cairo: Wahba Bookstore, 2009.

al-Qaradawi,Yusuf. *Fiqh al-Jihad*. Cairo, 2009.

Al-Zuhayli, Wahbah. Al-Alaqat al-Dowliyyah fi al-Islam (International Relations in Islam) Beirut: Muassasah al-Riisalah, 1981.

al-Zuhayli, Wahbah. *Athdr al-harb fi al-fiqh al-isldmi: dirdsah muqdranah*, Damascus: Dar al-Fikr, 1983.

Golen, Fethullah. *Toward a Global Civilization of Love and Tolerance*. New Jersey: Light, 2004.

Ibn al-Humam, Muhammad b. Abd al-Wahid. *Fath aI-Qadir*.Cairo: Mustafa al-Babi al-Halabi. 1389.

Ibn Qudamah al-Maqdisi al-Hanbali, Muwaffaq al-Din 'Abd Allah ibn Ahmad. *Al-Mughni* (the main Hanbali 'fiqh" manual).

Ibn Rushd, Abu al-Walid Muhammad b. Ahmad. *Bidayat al·Mujtahid wa Nihayat at-Muqtasid*. Lahore: Maktabah 'Ilmiyyah, 1404/1984.

Ibn Taymiyyah, Ahmad b. 'Abd al-Halim. *Risalat Qa'idah fi Qital al-Kufar* in *Ajwihat al-Masa'il li lbn Taymiyyah*. Cairo: Matb'at al-Sunnah al-Muhammadi-yyah, 1368 AH.

Louis, Bernard. *The Political Language of Islam*. Karachi: Oxford University Press, 2004.

Saritopark, Zaki and Cariffith, Sidney. *"Fathullah Gaulen and the people of the Book: A Voice from Turkey for Interfaith Dialogue"* The Muslim World Special issue Vol.95, No. 3, (July 2005)

Yilmaz, Ihsan. "Beyond Post-Islamism: A Critical Analysis of the Turkish Islamism's Transformation toward Fethullah Gulen's Stateless Cosmopolitan Islam" (2008), at www.gulen conference.net/files/Georgetown/2008_Ihsan Yilmaz.pdf.

● 서평

'중동교회사'

Christianity: A History in the Middle East Habib Badr (Chief editor, Middle East Council of Churches (MECC) Studies and Research Program)

(Beirut : Middle East Council of Churches, 2005), 933pp

정마태[*]

Ⅰ. 이 책을 소개하고자 하는 배경

최근 들어 한국 교회가 이슬람과 무슬림을 이해하고 사랑하려고 노력하는 것에 감사를 드린다. 우리는 단순히 이슬람과 무슬림을 이해하는 것에 멈추지 않고, 한 걸음 더 나아가 한국 크리스천들이 (한국 교회가) 무슬림들과 어떤 관계를 가져야 하는지에 대해서도 심도 있게 연구하고, 또 진지하게 실천하며 선교하려는 열망을 가지고 있다. 그러나, 크리스천과 무슬림의 관계를 연구할 때 한국 교회는 전반적으로 서구의 영향을 받아서 주로 서구의 관점으로 결론을 내리는 것을 발견한다. 특별히 서구와 이슬람이 점점 더 첨예화 되어 가는 현상을 볼 때 필자는 한국이 어디에서 더 객관적이고 실제적이

---

[*] 합동신학대학원대학교 교수(선교학).

고 더 건강한 미래 지향적인 관점을 배울 수 있을지 깊이 고민하게 되었다. 사실, 한국 교회나 사회는 이슬람이나 무슬림들에 대해 전반적으로 잘 모르고 있는 실정이다. 한국 사회는 주로 서양사를 많이 알고 있고, 한국 교회는 서양 교회사를 통한 교회 역사를 주로 배워 왔다 해도 과언이 아니다. 그래서 필자는 이슬람이 출발한 중동 지역의 교회가 어떻게 지금까지 살아 왔고, 무함마드가 이슬람을 창시하기 직전의 중동과 아라비아의 상황, 그 지역 교회들의 상황 그리고 이슬람이 탄생된 이후에 어떤 일이 중동 교회에 있었으며, 그 교회는 중동과 아라비아 무슬림들과 어떤 관계를 가지고 지내왔는지에 대해 궁금증을 가졌다. 또한 그 중동 교회의 최근 상황과 무슬림들과의 최근 관계에 대해서도 많은 궁금증이 있었다. 이들로부터 배울 것이 많을 것으로 생각했기 때문이었다. 역사는 늘 쳇바퀴 돌 듯이 도는 것이기에, 필자는 그 중동 교회 역사 속에서 중요한 역사적 신학적 선교학적 교훈을 배우고 싶었다.

필자는 한국이 이슬람이나 무슬림을 잘 모를 뿐 더러, 그 지역에서 2,000년간 자리를 지켜 온 중동의 교회(중동교회사)도 잘 알지 못한다고 생각한다. 오히려 한국 교회는 중동의 정교회를 이단으로 취급하는 경향이 강하였다. 이런 고민을 가지고 중동 교회사와 중동 지역 크리스천-무슬림 관계에 대해 연구를 하던 중, 『중동 교회사』(*Christianity: A History in the Middle East*)를 접하게 되었다.

이 책은 총 42명의 중동 교회 지도자들과 이 영역의 전문가들의 글로 구성되어 있다. 하비브 바드르(Habib Badr) 박사가 편집장으로 수고하였다. 그는 미국 프린스턴 신학교(Princeton Theological Seminary)에서 교회사 영역에서 박사학위(Ph. D)를 받았고, 현재 베이루트의 '베이루트 복음주의 교회'(National Evangelical Church of Beirut)의 담임 목사이기도 하다.

이 책에 대한 제안과 비전은 1994년 6월에 탄생되었다. 그리고 드디어 2001년 12월 처음 선보이게 되었다. 첫판은 아랍어로 출판되었다. 이 책을 좋아하는 사람들이 너무 많아서 2002년에 재판되었고, 급기야 2005년에 영어로도 출판되어 세상에 알려지게 되어 감사할 뿐이다. 필자는 이 글들의 저자들이 주로 거주하는 베이루트의 Arab Baptist Theological Seminary에서 연구하는 중, 편집장도 만나고 이 책을 주된 교재로 한 학기(2014년 3-9월) 강의도 듣고, 실제 저자들을 직접 만나서 배우며 놀라운 역사적 교훈들을 배우게 되었다.

2. 이 책의 내용

이 책은 서론(2페이지)과 이 책을 소개하는 중요한 요약(9페이지)과 총 31장으로 된 본문으로 구성되어 있다. 912페이지의 분량이며, 책 목록(Bibliography)과 색인(Index)을 포함하면 총 933페이지의 방대한 책이다. 1-12장은 중동과 아라비아 지역의 초기 교회 역사를 정리하였는데, 1-5장은 1세기부터 4세기까지의 중동 교회 상황을, 6-12장은 5-8세기의 교회상황과 무슬림과의 관계를 진술한다.

7세기 이슬람이 나타나기 전 중동에서의 기독교 역사를 아는 이들이 많지 않다. 이들 역시 대부분 매우 부분적으로 알고 있고, 현지 지도자들이나, 현지 역사가들이 쓴 글보다는 외부 학자들이 쓴 글들이 많다. 그러나 이 책은 국제적으로 인정된 현지 지도자들과 현지 학자들이 쓴 글들이므로 매우 권위 있고 신뢰할 수 있다.

예수 그리스도 이후, 사도 시대를 지나서 이슬람이 나타나기 직전까지 이집트와 중동, 터키 지역과 아라비아 지역에서 무슨 일이 일어 났을까? 기독교 사상적으로는 주로 "예수가 누구인가?" 에 대한 기독론이 주된 논쟁이었는데, 이 책에서 삼위 일체 논쟁의 역사적 배경과 그 내용에 대해 잘 설파하고 있다. 그리고 동시에 사회적, 정치적으로 무슨 일이 있었는가에 대해 깊이 있게 다루고 있다. 지역적으로는 알렉산드리아, 예루살렘, 안디옥, 콘스탄티노플, 로마의 다섯 도시를 중심으로 발전된 기독 학파를 다루고 있다. 325년 아리우스 (Arius)이단 논쟁으로 시작한 첫 교회회의(Ecumenical Council-EC)인 니케아 회의를 출발로, 680년 6번째 교회 회의가 열린 방대한 내용을 핵심적인 내용을 중심으로 정리하였다(680년에도 니케아에서 모였다.). 즉 무함마드가 632년에 죽은 후 48년이 지나서야 삼위일체 논쟁이 정리된 셈이다. 교회는 매우 무력해져 있는 가운데, 콥틱 교회, 알렉산드리아 교회, 예루살렘 교회, 안디옥 교회, 시리아 교회, 시리악(Syriac) 교회, 앗시리안 교회, 마로나이트 교회, 비잔틴 교회, 아르메니안 교회, 로마 교회가 형성되어 자리를 잡아 갔다. 이 교회들은 내부적으로도 많은 문제를 안고 있었다. 신학적 차이로 인해 서로 다른 교파 간에 저주 단죄하여 귀양도 보내고, 사형을 집행하기도 했다. 비숍들의 정치적 싸움과 음모로 많은 무죄한 성도들도 죽음을 당했다. 그런 중에 성자들도 있었고, 수도원 운동이 일어 나서 가난한 이들, 병자들, 고아와 과부들을 도왔다. 서머나 감독 폴리갑(Polycarp 69-155 AD), 최초 수도원을 설립한 이집트의 안토니(St. Antony 251-356 AD), 콘스탄티노플의 감독 요한 크리소스톰(John Chrysostom 349-407 AD), 마북의 성자 필록세누스(Philoxenus of Mabbug, ?-523), 수많은 병자들을 기도로 치유한 성자 시므온(The St. Simeon Stylites 388-459) 등의 기타 수많은 정교회 교부들을 낳은 시기이기도 하다. 5세기에는 에뎃사에 300개 정도의 수도원이 있었고, 모술(현재 이라크의 Mosul)지역에만 해도 약 12,000여 명의 수도사들(Monks)이 있었다고 기록되어 있다(p. 250). 632년 무함마드 사후, 636년 8월20일 야르묵(Yarmuk) 전투에서 승리한 무슬림들이 시리아를 점령하였다. 이때 시리악 교회(Syriac Church)는 무슬림들을 환영하였다. 필자는 이런 기록을 읽고 놀랄 수밖에 없었다. 그러나 다음 내용들을 읽어 보니 이해가 되었다. 이유인즉, 같은 기독교인인(터키 지역의) 비잔틴 제국이 시리악 교회에 부과하는 세금과 핍박이 무슬림들이 세금을 부과하고 어렵게 하는 것보다 더 힘들어서 무슬림들의 지배를 환영하게 된 것이었다. 그리고 예배, 번역, 전도, 설교, 문학과 언어학(Syriac, Greek, Arabic등)이 발전하였고, 수도원도 매우 발전하였다. 이후 800년경까지 시리악 교회는 황금기를 경험하였다고 기록하고 있다(p. 242-249).

13장에서 이슬람이 일어날 때 아랍 기독교의 상태에 대해 빛을 던져 주고, 이어서 14-19장은 7세기에 이슬람이 이 지역에 나타난 이후부터 16세기

오토만 터키 제국이 나타나기 직전까지의 교회와 성도들의 무슬림들과의 관계를 묘사한다. 우마야드 시대(661-750)와, 아바시드 시대(750-1050)의 교회가 어떠 했으며 무슬림들과의 관계는 어떠했는지, 파티마 왕조시대의 콥틱 교회와 유럽의 십자군 시대, 아유비드(Ayyubid) 시대와 맘룩(Mamluk) 시대의 교회와 무슬림들과의 상황에 대해 다루고 있다.

20-23장은 16세기 1516년 이후 오토만 제국 치하에서의 교회의 상황 그리고 중동내 교회에 미친 로마 가톨릭의 영향과 가톨릭 선교를 잘 설명하였다. 그들이 기여한 점도 설명하였지만, 그들의 약점도 솔직하게 진술하였다

24-28장은 중동에 들어 오기 시작한 개신교 선교를 소개한다. 레바논과 시리아, 터키, 팔레스타인, 요르단, 이집트, 수단, 이라크와 걸프 지역에 들어오기 시작한 개신교 선교가 기여한 점들(성경 번역, 출판, 신학교, 대학교 설립 등)과 결정적인 실수들, 예를 들면 무슬림들에게 전도하기가 어려움을 알고 중동 정교회 교인들을 '양 도둑질'하는 선교로 전향한 점, 외국 선교사들을 통해 현지 교회가 분열되는 현상등을 노골적으로 기록하였다. 또한 오토만 제국이 멸망한 이후 아랍세계가 전반적으로 아랍 르네상스를 통과할 당시 교회의 상태에 대해서도 상술하였다. 이 당시의 이집트의 콥틱 교회와 중동 교회의 모습도 잘 정리하였다.

29-31장은 이 책의 결론 부분이라 할 수 있겠다. 오늘날 이 풍부한 역사를 어떻게 해석하고 적용할 것인가? 밀레니엄을 맞이한 중동 교회가 자국내 무슬림들과 어떻게 살아야 하는가? 이런 와중에 1960년대에 중동내 젊은 크리스천들이 연합하여 중동 교회의 미래를 위해 기도하며 고민하기 시작하였다. 이 때 죠지 코드르(Bishop George Khodr) 감독이나 가브리엘(Gabriel Habib) 등이 주도하여, 지칠 줄 모르는 열정으로 중동과 북아프리카 젊은 이들을 깨우며 연합하였고, 드디어 1974년에 교단 연합체인 MECC(Middle East Council of Churches)가 탄생되었다. 이는 지난 451년 첫 칼세돈(Chalcedon)회의 이후 1500년간 두 개로 나누어졌던 칼세돈 학파와 비 칼세돈 학파가 만나는 결정적 계기가 된 사건이기도 하였다. 그 이후 오늘에 이르기까지 중동 교회는 매우 불안한 정치적 환경이지만, 연합의 깃발 아래서 전진하고 있다.

필자는 이 책을 통하여 다른 책에서 발견할 수 없는 역사적 진실들을 직면하게 되었다. 그리고 많은 질문들에 대한 해답도 얻게 되었다.

3. 무슬림과의 관계에서 한국이 배우고 실천할 점들

이 책을 읽고 나면 우리 한국 교회와 성도들이 그리고 한국 정부나 사회가 무슬림들과 어떤 관계를 가져야 하는지 어느 정도는 자연스럽게 배우게 될 것으로 믿는다. 이들은 지난 1400년간의 노하우(Know-Hows)를 가지고 있기 때문이다. 더더구나 한국 교회가 다가온 무슬림들과 어떻게 관계를 맺어 갈지 그리고 무슬림들에게 어떻게 선교해야 할지 다시 배우게 될 것이다. 어쩌면 이 책을 통해 한국 사회와 교회에 적용할 쉬운 적용점들을 찾기 보다는, 올바른 질문과 반드시 해야 할 정상적인 고민들을 새롭게 시작하게 될 것이라고 기대한다. 왜냐하면 올바른 방향이나 해답은 올바른 질문을 하면서 얻어지기 때문이다.

그러므로 우리 모두 예수님 이후 2,000년간 이 먼 길을 걸어온 역사적 교회, 1,400년간 무슬림들과 핍박과 번영의 길을 함께 걸어온 이 중동 교회로부터 겸손히 배우자. 그들로부터 배운 역사적 교훈을 통하여, 무슬림들과의 관계 역사에 관한 한, 한국 사회와 교회가 세계 역사와 세계 교회 역사에 한국만이 줄 수 있는 매우 긍정적이고 유일하고 유익한 기여를 하게 되길 간절히 갈망한다.

Muslim—Christian Encounter 원고작성요령

1. 일반적 요령

1) 본문의 장, 절, 항의 번호는 I., 2., 3), (4)의 순서에 따라 매긴다.

2) 표와 그림은 본문 내 적당한 위치에 〈표 1〉 혹은 〈그림 1〉과 같은 형식으로 순서를 매겨 삽입한다. 표나 그림의 출처는 표나 그림의 바로 아래에 〈출처: 〉라고 쓴다.

2. 인용

1) 인용의 일반원칙

(1) 각주 사용: 미주(endnote)나 약식 괄호주(Harvard Style)를 사용하지 않고 각주(foot-note)를 사용한다. 인용을 처음 할 때에는 출판사항 등을 모두 명기한다.

(2) 언어 사용: 모든 출처는 원자료에 나와 있는 언어를 그대로 사용함을 원칙으로 한다.

(3) 서적과 논문: 서양어 서적의 경우 이탤릭체를 사용하며 동양어 서적의 경우 겹낫표(『』)를 사용한다. 논문의 경우 동서양 모두 큰따옴표("")를 사용한다.

(4) 기타: 각주는 2자 내어쓰기를 사용하여 작성한다. 별도의 지침이 없는 한 시카고 스타일(Chicago Style)[1]에 따른다. 한글 인용의 경우 별도의 지침이 없는 한 영문 인용을 준용한다.

2) 예시

(1) 저서의 경우

　　전재옥, 『기독교와 이슬람』(서울: 이화여자대학교출판부, 2003), 125-127.

1　*The Chicago Manual of Style* (Chicago: University of Chicago Press, 1982).

Neal Robinson, *Christ in Islam and Christianity*(London: Macmillan, 1991), 32.

(2) 번역서의 경우

라민 싸네, 『선교 신학의 이해』, 전재옥 역(서울: 대한기독교서회, 1993), 343.

(3) 학위논문의 경우

김영남, "이슬람 사회제도의 여성 문제에 관한 연구: 파키스탄 이슬람 화에 나타난 성
차별을 중심으로", 박사학위논문, 이화여자대학교 대학원, 2003, 15.

Jeong-Min Seo, "The Religious Establishment between the State and Radical Islamist
Movements : The Case of Mubarak's Egypt," Ph.D. diss., University of Oxford, 2001,
45.

(4) 학회지, 학술지 등의 논문이나 기명 기사의 경우

최영길, "꾸란에 등장한 인물연구 : 예수를 중심으로", 『한국이슬람학회논총』, 제16권
제2호 (2006), 10-12.

안 신, "이슬람 다와와 기독교 선교에 대한 비교연구 : 폭력과 비폭력의 경계를 중심으
로", 『종교연구』, 제50집(2008 봄): 234-239.

Ah Young Kim, "Quranic Perspective on the Relationship with Other Faiths," Muslim-
Christian Encounter, Vol. 1, No. 1(Feb. 2008): 58-60.

(5) 편집된 책 속의 글

김정위, "이슬람 원리주의와 지하드 운동", 이슬람연구소 엮음, 『이슬람의 이상과 현
실』(서울: 예영, 199), 49.

Lamin Sanneh, "Islam, Christianity, and Public Policy," in Lesslie Newbigin, Lamin
Sanneh, & Jenny Taylor, eds., Faith and Power - Christianity and Islam in 'Secular'
Britain(London: SPCK, 1998), 29-38.

(6) 바로 앞의 인용과 동일한 경우

저자, 책이름 or "소논문명," 1.

저자, 책이름, 또는 "소논문명," 23.

(7) 같은 글을 여러 번 인용한 경우

① 동일한 저자의 저술이 하나밖에 없는 경우

전재옥, 책이름, 33.

최영길, 책이름, 11.

Robinson, op. cit., 3-4.

② 동일한 저자의 저술이 여럿일 경우, 두 번째 이상의 인용은 논문이나 책의 이름을 명기한다.

전재옥, 『기독교와 이슬람』, 25-30.

최영길, "꾸란에 등장한 인물연구", 10-12.

Sanneh, "Islam, Christianity, and Public Policy," 30.

Robinson, *Christ in Islam and Christianity*, 11.

3. 참고문헌

1) 참고문헌은 논문 끝에 실으며 다음과 같은 체재로 표시한다.

(1) 책일 경우

전재옥. 『기독교와 이슬람』. 서울: 이화여자대학교출판부, 2003.

Robinson, Neal. *Christ in Islam and Christianity*. London: Macmillan, 1991.

(2) 논문일 경우

안 신, "이슬람 다와와 기독교 선교에 대한 비교연구 : 폭력과 비폭력의 경계를 중심으로", 『종교연구』, 제50집(2008 봄): 219-245.

Kim, Ah Young, "Quranic Perspective on the Relationship with Other Faiths," Muslim-Christian Encounter. Vol. 1, No. 1 (Feb. 2008): 53-72.

Muslim—Christian Encounter 윤리규정

제1조 (목적) 이 규정은 횃불트리니티신학대학원대학교 한국이슬람연구소가 발행하는 정기
학술지 Muslim-Christian Encounter(이하 학술지)와 관련하여 투고자, 편집위원, 심사위원
의 연구윤리를 확립하는 데 목적이 있다.

제2조 (투고자의 윤리)
1. 투고자는 연구자로서 정직성을 지켜야 하며, 학술적 저작물 집필에 관한 일반적 원칙을
   준수해야 한다.
2. 투고자는 일체의 표절 행위를 하지 말아야 한다.
3. 표절이란 출처를 명확히 밝히지 않고 다른 사람의 지적 재산을 임의로 사용하는 모든 행
   위를 일컬으며, 다음의 경우가 해당된다.
   1) 분명한 인용 표시 없이 본인이 수행한 기존 연구 내용의 전부 또는 일부를 그대로 옮기
      는 행위.
   2) 출처를 밝히지 않고 다른 사람의 고유한 생각, 논리, 용어, 자료, 분석방법 등을 임의로
      활용하는 행위.
   3) 출처를 밝혔더라도 분명한 인용 표시 없이 다른 사람의 논의 내용을 원문 그대로 또는
      요약된 형태로 활용하는 행위.
   4) 기타 표절성이 현저하다고 간주될만한 모든 행위.
4. 투고자가 편집위원회의 표절 판정을 수긍할 수 없을 경우 반박할 만한 타당한 이유를 제
   시하여 재심의를 요청할 수 있다. 반박할 만한 사유가 없거나 재심의에서 다시 표절 판정
   이 내려지면 연구자는 더 이상 이의를 제기해서는 안 된다.

제3조 (편집위원의 윤리)
1. 편집위원은 투고된 글의 게재 여부를 결정하는 모든 책임을 지며, 투고자의 인격과 학자

로서 독립성을 존중해야 한다.

2. 편집위원은 투고된 글에 관련하여 투고자의 성별, 나이, 소속기관은 물론 개인적 이념이나 친분 관계와 무관하게 오직 원고의 질적 수준과 투고 규정에 의거하여 공정하게 처리해야 한다.

3. 편집위원은 투고된 글에 대한 심사위원을 선정할 때 해당 분야의 전문성을 최우선으로 고려해야 하며, 투고자와 심사위원의 관계에 의해 공정성이 훼손될 가능성을 배제해야 한다.

4. 편집위원회는 표절 행위가 확인된 투고자에 대한 제재를 지체하거나 임의로 제재를 보류해서는 안 된다. 표절 행위자에 대한 제재는 다음과 같다.

1) 5년 이하 투고 금지.

2) 연구소 홈페이지 및 다음 호에 표절 사실 공지.

3) 인터넷 데이터베이스에서 해당 논문 삭제.

4) 표절 행위자의 소속기관에 해당 사실 통보.

5. 편집위원은 논문 심사에 관하여 일체의 비밀을 지켜야 하며, 표절 심의에 관하여 공표 대상이 아닌 내용에 대한 비밀을 지켜야 한다.

제4조 (심사위원의 윤리)

1. 심사위원은 의뢰받은 원고에 대한 심사를 수행함에 정직하고 성실해야 하며, 개인적 이념이나 친분 관계를 떠나 객관적 기준을 따라야 한다.

2. 심사위원은 자신이 심사 대상 원고를 평가하는 데 적임자가 아니라고 생각될 경우 편집위원회에 이를 통보해야 한다.

3. 심사위원은 전문 연구자로서 투고자의 인격과 학자로서 독립성을 존중해야 한다.

4. 심사위원은 심사의 제반 사항에 관한 비밀을 지켜야 한다.

제5조 (부칙)

1. 이 규정은 2009년 1월 1일부터 시행한다.

Muslim—Christian Encounter 투고안내문

한국이슬람연구소는 1992년 창립 이후, [무슬림은 예수를 누구라 하는가?], [이슬람의 이상과 실제], [아시아 무슬림공동체], [무슬림여성], 등을 연구지로 발간하였고 2007년 햇불트리니티 신학대학원대학교의 부속기관으로 자리를 옮긴 이후 *Muslim-Christian Encounter*라는 이름으로 연구 저널을 재창간하여 연 2차례 발행을 하고 있습니다. 1호의 주제는 "Peace, Justice and Muslim-Christian Relations"이며, 2호의 주제는 "Muslim Identities in Comtemporary World", 3호의 주제는 "Islamic Da'wah and Christian Mission", 4호의 주제는 "Folk Islam" , 5호의 주제는 "현대 이슬람의 다양한 이슈들", 6호의 주제는 "Muslim Women", 7호는 "Tribute to Dr. Kenneth Cragg", 8호는 "한국교회와 이슬람", 9호는 "세계 각국의 기독교와 이슬람의 관계"였습니다. 보다 폭넓고 깊이 있는 연구를 위해 한국이슬람연구소는 지속적인 노력을 하고 있습니다.

이러한 지속적인 연구에 관한 사랑과 노력으로 한국이슬람연구소의 저널 *Muslim-Christian Encounter*는 한국 유일의 기독교 이슬람의 관계에 관한 건전하고 깊이 있는 연구를 지향하는 연구지로서 성장하고 있습니다. 뿐만 아니라, Dudley Woodberry, Peter Riddell, Colin Chapman과 같은 해외 유명한 이슬람 학자들과 국내의 이슬람 전문가들의 깊이있고 학문적 완성도가 높은 논문이 다수 게재되고 있습니다.

한국이슬람연구소에서는 *Muslim-Christian Encounter*에 게재를 원하는 투고자의 원고를 모집합니다. 분야는 이슬람 신학, 정치, 역사, 경제 및 기독교 이슬람관계에 관한 다양한 이슈들, 기독교 선교를 위한 무슬림 전도방법론 등으로 이슬람에 관한 전반적인 이슈들과 기독교 이슬람관계에 관한 전문적인 내용들을 말합니다.

한국이슬람연구소는 투고된 논문에 대하여 국내외 전문가들을 모시고 공정한 심사를 거쳐 논문을 게재하며, 투고된 논문 중 게재 가로 결정 된 논문에 한해서 소정의 원고료를 지불합니다. 논문의 투고 시기는 상시 진행됩니다.

▶자세한 안내를 원하시면 횃불트리니티 한국이슬람연구소로 문의하시기 바랍니다.

Tel: 02-570-7563

E-Mail: ttcis@ttgu.ac.kr

횃불트리니티 한국이슬람연구소

Arabic Course

햇불트리니티 한국이슬람 연구소

초급 아랍어 강좌

일시 2015년 12월 8일 - 2016년 2월 16일 (총10주)
매주 화요일 / PM 7:00 - 9:00

장소 햇불트리니티 신학대학원대학교 강의동

회비 20만원

문의/등록 햇불트리니티 한국이슬람 연구소
tel 02-570-7563　fax 02-570-7563　e-mail ttcis@ttgu.ac.kr

강사소개 박미애 박사
한국외국어대학교 동양어대학 아랍어과 졸업
모로코무함마드5세대학 인문대학원 이슬람학과 수료
아세아연합신학대학교 대학원 선교학 Ph.D
아세아연합신학대학교 대학원 외래 아랍어강사 역임

반드시 전화 또는 e-mail로 사전등록 해주시기 바랍니다.
(등록시 이름, 전화번호, 소속, e-mail 주소를 남겨주시기 바랍니다.)

중급 아랍어 강좌

초급 아랍어 강좌가 종료된 이후에
바로 시작됩니다.

문의: 햇불트리니티 한국이슬람연구소

아랍어는

이슬람 문화와 종교를 이해하여
이슬람 선교에 이르게 하는 중요한 도구가 됩니다.
한국이슬람 연구소가 주관하는 아랍어 강좌에
이슬람 선교를 마음에 품은 모든 분들을 초대합니다.

TORCH TRINITY
햇불트리니티신학대학원대학교
한국이슬람연구소